CW01510799

COLLECTION
L'IMAGINAIRE

Antonin Artaud

Nouveaux écrits de Rodez

Lettres au docteur Ferdière
1943-1946
et autres textes inédits

suivis de

Six lettres à Marie Dubuc
1935-1937

*Préface
du docteur Gaston Ferdière
Présentation et notes
de Pierre Chaleix*

Gallimard

PRÉFACE DU DOCTEUR FERDIÈRE

Et voici qu'au seuil de 76 je prends enfin la décision d'ouvrir mon dossier Antonin Artaud et de le livrer à la pleine lumière. Dossier fermé le 25 mai 1946 : sur le quai de la gare d'Austerlitz, j'avais embrassé Antonin Artaud pour la dernière fois et serré quelques mains — ne rappelons pas lesquelles... A vrai dire, je l'avais entrouvert en 59 pour la préparation du numéro spécial (n°s 63-64) de La Tour de Feu, *« La santé des Poètes » et, à la demande de Pierre Boujut, le truffai de quelques documents personnels. Malgré les sollicitations qui me furent ensuite adressées, je n'avais pas consenti à explorer le tiroir supérieur de mon secrétaire. Il n'y allait certainement ni de la faute de qui me sollicitait ni de la mienne! Je pense d'une manière simpliste à l'absence d' « atomes crochus ».*

Ma conduite peut prêter, bien sûr, à maints commentaires plus ou moins désobligeants et je veux bien ici en donner quelques raisons; mais que l'on n'aille pas s'imaginer que je cherche à me disculper et à rassembler des circonstances atténuantes. Je dois tout d'abord évoquer une élémentaire réaction de dégoût devant les faits et les gens qui entourèrent la déchéance et la mort du poète. De véritables meurtriers, au moment même où ils lui procuraient les poisons qui leur paraissaient indispensables, ne cessaient de me calomnier et de m'injurier, faisaient de moi un psychiatre de Grand-Guignol ou d'expressionnisme allemand, sadique et mégalomane, « cherchant à corriger » Artaud et à le convertir à des conceptions

désuètes de la Poésie et de la Beauté. Je peux l'avouer aujourd'hui :
plus d'une fois il m'est arrivé de regretter d'avoir libéré trop tôt
Antonin Artaud et de n'avoir pas exigé plus de garanties au moment
de sa sortie de Rodez, de n'avoir pas pris de plus sérieuses précau-
tions dans l'organisation de la post-cure.

Je n'ignorais pas cependant la détestable réputation de la trop
fameuse clinique d'Ivry! C'est ma faute, c'est ma très grande faute
si Artaud est mort relativement jeune et ne nous a pas donné un
plus grand nombre de chefs-d'œuvre — comme l'admirable Van
Gogh. *Le diagnostic de cancer intestinal tombé un beau jour de la*
bouche du professeur Henri Mondor me paraît sujet à caution : au
cours d'une unique consultation et à la vue de simples radiographies,
n'était-il pas possible de prendre de banales scybales, comme on en
voit au cours des intoxications opiacées, pour des opacités néopla-
siques?

Artaud-Ferdière, Ferdière-Artaud, agaçant accouplement, mani-
festation d'un bien élémentaire manichéisme : je pouvais avoir le
légitime désir de ne plus entendre parler de tout cela.

*Les années ont passé; il m'a été loisible de juger M*me *Marie-Ange*
Malausséna, dans ses relations avec son frère Antonin, avec plus
d'équité. Elle a bien voulu oublier les « mots » faciles que des
moments d'irritation ne m'avaient pas permis de retenir et venir me
serrer dans ses bras au Club du Faubourg.

Et puis est née entre Pierre Chaleix et moi une amitié qui me
semble particulièrement solide et qui se double de confiance réci-
proque. J'ai trouvé chez Chaleix l'amour de la Poésie dans ses mani-
festations polymorphes de même qu'un goût pour l'Histoire fondée
sur la critique attentive des documents. Association rarissime, je crois
bien. Il me faut déclarer ici que, sans Chaleix, vous ne pourriez lire
les pages qui vous sont offertes dans cet ouvrage.

C'est à vous de juger de leur intérêt et de leur importance. Pour
ma part, en les parcourant, je retrouve à tout instant l'émotion que je
ressentais chaque fois que, sur mon bureau (de directeur, s'il vous
plaît) à l'hôpital psychiatrique de Rodez, je trouvais une nouvelle
lettre d'Antonin Artaud. Je m'étais habitué à son écriture à la fois
volontaire et raffinée; je la déchiffrais sans peine et elle m'entraînait

à des sommets, loin des banalités quotidiennes — celles-ci s'appe-laient : Occupation, Résistance, lutte contre la famine et marché noir, libération... et ses suites.

Au cours d'une vie qui devient longue, j'ai rencontré un certain nombre de créateurs que je range parmi les génies ou les voyants. On comprend la place que j'accorde à Antonin Artaud.

Gaston Ferdière.

PRÉSENTATION

Ce n'est pas assez de dire qu'Antonin Artaud tint une place importante dans la littérature et le théâtre de son temps. Au-delà de son œuvre, par ce que l'on connaît de ses vicissitudes et de ses comportements — ou que l'on en croit connaître —, son nom a pris la valeur d'un mythe où se rejoignent l'écrivain révolté, le révélateur d'un nouveau théâtre, le martyr des psychiatres. Il y eut aussi la légende du poète impie, bâillonné par sa sœur après sa mort (comme Rimbaud). Les treize volumes — publiés à ce jour — de ses *Œuvres complètes* sont là pour dire ce qu'il en est. Qu'importe. Un sillon singulier demeure creusé dans la sensibilité de ceux qui l'ont lu. Artaud leur apparaît comme se refusant à la hiérarchie des hommes de lettres. L'irrésistible élan d'une pensée issue des profondeurs emporte tout illusoire bonheur de la main qui tint la plume. De ce ruissellement du vécu et du senti, le langage d'Artaud tire sa force.

Mort en 1948 dans une clinique d'Ivry (non à l'Hospice, comme on l'a dit parfois), sa vie fut courte. Cinquante-deux ans n'est pas un âge pour mourir. Elle n'en fut pas moins une lutte longue, lucide, héroïque contre les souffrances du corps et de l'âme, d'une âme qui savait, dès sa jeunesse, être « physiologiquement atteinte ». Cette lutte qu'il dut sans doute soutenir à tous les instants fait de son écriture « cette écorce de mots qui tombe [1] », écorce/écriture arrachée au vif d'un corps pensant. Contre la souffrance, la drogue fut pour lui le recours désespéré et haï; nul ne perçut plus intensément l'accélération qu'elle provoquait dans l'effondrement de son être.

L'extraordinaire aventure que fut en 1937 le voyage en Irlande, où il voulut rapporter à ceux qu'elle devait protéger, la Canne de saint Patrick, se termina par son arrestation et son internement. Sotteville-lès-Rouen, Sainte-Anne et Ville-Évrard en furent les étapes avant que l'amitié conjuguée de Robert Desnos et du docteur Gaston Ferdière, alors directeur de l'Asile psychiatrique de Rodez, ne réussît en février 1943 à amener le poète Antonin Artaud en un lieu plus humain.

Si Rodez échappait aux plus dures contraintes de l'occupation nazie, c'était tout de même l'asile. Le docteur Ferdière a dit ailleurs [1] les moyens qu'il eut à employer pour sortir son malade du gouffre physiologique et mental où il était tombé, compte tenu de ce qu'offraient les circonstances et la médecine de l'époque. Par-dessus tout, à Rodez, il y avait l'amitié et la compréhension, plus encore : le dévouement.

Que de fables ont longtemps circulé sur les noirs rapports de l'interné avec son médecin — et avec les siens! De tout cela les lettres d'Antonin Artaud publiées par la revue *La Tour de Feu,* reprises avec d'autres dans les *Œuvres complètes* [2], disent ce que lui-même en pensait. Les lettres au docteur Ferdière qu'on lira ici permettent d'y voir encore plus clair. Tout ne pouvait être idyllique tous les jours entre un homme qui refusait l'idée de la maladie et celui qui était bien décidé non à « redresser sa poésie », mais à le restituer dans ses pouvoirs d'homme et de poète. Dans une lettre du 24 octobre 1943, Artaud rétabli depuis peu dans sa fonction d'écrivain, angoissé par la perspective d'une nouvelle série d'électrochocs, se dit prêt à chasser de ses écrits ce qui reste de grossier, vif, violent, etc. Nous touchons vraisemblablement ici aux limites étroites de la clinique et de la critique. Là-dessus aussi le médecin a dit ce qu'il avait à dire.

L'internement — il faut appeler les choses par leur nom — à Rodez dura trois années qui, ajoutées à celles qui avaient précédé en d'autres lieux, allaient faire bientôt neuf. Guéri ou pas — Artaud ne pouvait l'être totalement — l'air qu'on respire hors des asiles lui était dû. Un homme irrémédiablement affaibli pouvait-il être libre dans l'ambiance parisienne? Des amis anciens mais aussi nouveaux, la drogue prodiguée dans la clinique d'Ivry vont altérer la lumière que le malade de Rodez projetait sur son médecin. Le 23 mai 1946 au soir, celui-ci avait pris avec Antonin Artaud le train pour Paris. Écoutons Gaston Ferdière[1] : « Accoudés à la barre de cuivre, fumant cigarettes sur cigarettes, nous poursuivions une conversation amicale, pour ne pas dire affectueuse. Je sentais l'attachement profond d'Artaud, sa pleine confiance en moi et je sentais aussi son angoisse de l'avenir. » Le 8 juin, Artaud écrit au docteur Ferdière pour lui réclamer des manuscrits restés à Rodez. Le médecin reste le « cher ami » et il est prié de « croire en mes meilleurs sentiments ». Une lettre datée aussi de Paris le 12 janvier 1947 sera la dernière. Toute formule d'amitié, fût-elle conventionnelle, a disparu. Vient aussi le temps où Antonin, quelque peu « aidé », va suffoquer en son dernier naufrage.

Les lettres d'Antonin Artaud au docteur Ferdière que nous publions ici sont — à l'exception de trois d'entre elles[2] — inédites. Le lecteur retrouvera donc l'ensemble de cette correspondance que l'on pourrait intituler : « La Vie d'un Poète interné. » Aussi à l'aise dans la transcendance que puisse l'être un esprit, d'aussi haut qu'il veuille dominer le quotidien, il ne peut faire que l'homme vivant et souffrant n'ait ses exigences. Quels que soient les égards particuliers que l'on a pour lui, Artaud supporte mal les contraintes, celles qui sont liées à son état, celles qu'impose la cohabitation avec d'autres malades. Le docteur Ferdière, en qui il sait trouver un esprit fraternel, digne d'être amené à la hauteur de ses spéculations, est aussi le maître de tout traitement, celui qui détient la clef de certaines privations. Par les voies de la spiritualité, Artaud glisse au besoin sa revendication pratique. Les effusions sont belles, chaleureuses jusqu'à la jalousie dans l'exigence d'amitié; elles n'excluent cependant pas les petits calculs et les ruses. Quoi de plus naturel? Et puis Antonin Artaud a tout de même des droits. « Tous les saints étaient sur terre des êtres singuliers. » Leur chance fut de n'avoir pas rencontré un psychiatre sur le terrible chemin de leur existence. Si les saints furent des êtres singuliers, pour moi Antonin Nalpas (Artaud), qui suis de ceux-ci, la proposition est évidemment réversible.

Les lettres écrites de Rodez avant le 17 septembre 1943 sont signées Antonin Nalpas[1]. Antonin Artaud est mort à Ville-Évrard en août 1939, « mort à la peine et de douleur », mort « pour avoir porté les péchés de tous les hommes ». Un autre homme nommé Antonin Nalpas s'était incarné dans son corps. Ce 17 septembre 1943 marque bien une renaissance. Artaud incité par le docteur Ferdière se remet à écrire (des « textes »). Il va entreprendre d'adapter un chapitre de *Through the Looking-Glass* de Lewis Carroll. L'abbé Julien, aumônier de l'hôpital, l'aide dans la traduction. Bientôt il dessinera.

Si le faux souvenir garde son amplitude délirante dans cette lettre du 17 septembre, où l'homme retrouvé déroule son curriculum vitae, on y sent cependant une reprise d'équilibre et d'assurance minutieuse dans l'exposé des faits positifs. Notons cependant qu'à aucun moment Artaud ne cessa, dans ses lettres, d'utiliser les mots pour ce qu'il *voulait* rigoureusement leur faire dire. Le créateur qu'il a toujours été perçoit le vide en son besoin d'activité. La littérature c'est bien, mais il s'offre à des travaux pour l'hôpital, il veut se montrer « utile ». Autre besoin, c'est la nourriture. Le docteur Ferdière fait ce qu'il peut et probablement plus. Mais, pour qui garde au ventre le souvenir des années d'occupation, comment n'être pas touché par la petite énumération des carences dont souffre un malheureux bien empêché de toute débrouillardise?

Le très chrétien François Mauriac ayant ouvert le numéro 63/64 de *La Tour de Feu* eut du mal à revenir de son étonnement. Antonin Artaud, ce fulminant blasphémateur, avait pu retourner ses feux pour la défense de Dieu, de Jésus-Christ et de la Vierge Marie. « J'ai lu de la première à la dernière ligne *La Tour de Feu* », écrivit Mauriac dès le lendemain dans son « Bloc-notes » de *L'Express*. Les explications socio-psycho-physiologiques — souvent fondées sur l'orientation politique ou métaphysique de chaque auteur — n'ont pas manqué à propos du passage, ou plutôt de l'aller-et-retour d'Artaud : athéisme — foi religieuse — athéisme. On simplifie, car une approche chrétienne s'était fait jour en 1927, après la rupture avec le surréalisme[1]. Il est surprenant de lire qu' « une religiosité de mauvais aloi [était] la conséquence des électrochocs qu'il avait subis[2] ». Artaud se confessa et communia à Dublin quatre ans avant les électrochocs du docteur Ferdière. Confession-communion et électrochoc sont-ils du même ordre ? La question vaut alors d'être posée. « De mauvais aloi », certes elle l'était cette religiosité, si l'on prend pour titre légal le catholicisme apostolique et romain. S'il communiait, s'il allait se prosterner sur les dalles de la cathédrale de Rodez[3], Artaud ne cessa jamais, de par les exigences de sa morale et de sa foi, de vitupérer les prêtres. Il porta toute sa vie en lui la plus ardente croyance au gouvernement du monde par des forces cachées. Il nous apparaît comme un familier des grands illuminés : des mystiques chrétiens autant que des ésotéristes. La connaissance qu'il a des uns et des autres est antérieure à sa venue à Rodez. Ce qui voudrait dire que la frontière entre la religion et les croyances qu'elle réprouve est par Antonin Artaud aussi facilement franchie qu'elle le fut en 1936 par les prêtres Tarahumaras s'agenouillant devant la face du Christ qu'on leur montrait, comme si elle eût personnifié l'Esprit auquel ils obéissaient. Henri Gouhier parle avec raison des « brusques oscillations de l'âme inquiète d'Artaud[4] ».

Chaque fois, c'est la totalité d'un être qui se trouve engagée.

Parmi les manuscrits d'Antonin Artaud appartenant au docteur Ferdière, l'un d'eux correspond à *L'Arve et l'Aume* (adaptation française du chapitre VI de *Through the Looking-Glass* de Lewis Carroll), texte publié pour la première fois dans le numéro 12 de *L'Arbalète* au printemps de 1947 et repris dans les *Œuvres complètes* [1]. Le premier feuillet manque à ce manuscrit qui comportait quinze pages; mais si le texte ne figure pas dans ce volume, c'est surtout parce que celui que l'on a déjà imprimé en diffère peu — encore que les quelques variantes apportées montrent un intérêt accru de l'auteur pour les jeux du langage. Exemple : « La question est de savoir, dit Alice, si vous avez le pouvoir de faire dire aux mots tant de choses différentes » devient trois ans plus tard : « La question est de savoir... tant de choses équidistantes, multiples et bourriglumpies de variantes infinies. »
    J'ai dit : trois ans plus tard. C'est ce temps-là, au moins, qui sépare les deux versions. Artaud reçut *Through the Looking-Glass* des mains de Frédéric Delanglade entre le 20 et le 25 septembre 1943. Il était impatient de se mettre au travail. La lettre du 25 septembre et la précédente contredisent la thèse de Paule Thévenin selon laquelle il y fut contraint par le docteur Ferdière [2]. Que ses sentiments à l'égard de Lewis Carroll fussent mêlés ou successivement opposés, cela est certain. La contradiction est normale chez un individu — c'est elle qui signale en lui la persistance d'un équilibre mental. Il se mit à travailler sur le chapitre choisi, probablement dès qu'il eut reçu de l'abbé Julien l'aide qui lui était nécessaire pour une bonne traduction [3].
    Sous le titre *Variations à propos d'un thème,* d'après Lewis Carroll [4], un commentaire d'Artaud précède ce qu'il appelle une « adaptation-variation du thème d'un poème ». Je n'en puis localiser la source dans l'œuvre versifiée de l'auteur d'*Alice*. Avançons l'idée d'une synthèse plutôt que celle de canular dont le sérieux de l'introduction nous écarte. Dans

ce poème « adapté », la pensée d'Artaud se développe en
deux registres différents ; d'abord deux strophes très réflé-
chies, bien que sans lien (apparent) de l'une à l'autre, puis les
deux dernières qui laissent libre cours à l'imagination fan-
tasque. Mais l'allégresse désinvolte propre à l'auteur supposé
du thème est absente de ces quatre strophes. On pourrait les
prendre pour une traduction quelconque des vers de Lewis
Carroll (comment faire passer d'une langue à l'autre le
nonsense jailli d'une rime aussi parfaite qu'inattendue ?).
Artaud a d'autres raisons de s'attarder sur le révérend anglais.
Les trois pages de prose sont explicites quant à ses sentiments — au moins en cet instant. Sans doute *L'Arve et l'Aume*
était-il devenu à sa parution « tentative antigrammaticale
contre Lewis Carroll ». Le *contre* est ici étroite proximité.
Comme Antonin le sent proche cet « émeutier né de la perception et du langage », acharné à trouver la vérité de son moi
dans un monde tellement différent de celui-ci que les choses
vont jusqu'à y inverser leur visage et les mots leur sens !
C'est redoutablement que l'écrit fond devant le non-écrit.

  Le Rite du Peyotl chez les Tarahumaras fut écrit à Rodez en
décembre 1943. Le texte, auquel Artaud fit des corrections
qui visaient surtout à le « débarrasser de toute imprégnation
chrétienne [1] » parut pour la première fois en mai 1947, dans
le numéro 12 de la revue *L'Arbalète*. Son éditeur, Marc Barbezat, l'inséra avec de légères variantes dans un volume intitulé *Les Tarahumaras,* en novembre 1955 [2]. C'est cette dernière
version que reprend le tome IX des *Œuvres complètes*. Le
manuscrit original comporte 39 pages 21 × 27 écrites à
l'encre. L'auteur répéta au travers du dos de la dernière
page : « Pour le docteur Ferdière de la part d'Antonin
Artaud. » Comparés à ce texte manuscrit, ceux qui furent
imprimés font apparaître non seulement des corrections, mais
des ajouts et des suppressions dont quelques-unes portent
sur des pages entières. A l'intention de qui voudrait se livrer
à un travail critique intégral, nous devrions reproduire le
manuscrit dans sa totalité. Son ensemble demeurant dans

les *Œuvres complètes,* cela nous amènerait à publier quantité de pages déjà connues. Le lecteur trouvera ici les passages auxquels Artaud, après son départ de Rodez, apporta les changements les plus significatifs — ou décida de supprimer, conformément à sa nouvelle orientation métaphysique et à ses dispositions autres tant envers le docteur Ferdière qu'envers sa propre famille.

Une lettre à Jean Paulhan du 26 mars 1945 [1] montre que *Les Mères à l'étable* fut rédigé au moins quelque trois semaines auparavant. Le thème qui s'y développe au cours d'un rêve était esquissé dans la lettre écrite vers le 9 mars au docteur Ferdière. Nous le retrouverons dans *Antigone chez les Français.* L'angoisse ancienne, l'angoisse de toujours pour Antonin Artaud, c'est la difficulté qu'éprouve l'être à se saisir de sa pensée authentique, la difficulté d'être celui que je suis, eût-il pu dire — s'il ne l'a pas dit. Car la réalité vraie de l'être coïncide avec cette pensée qui échappe si profondément aux conditionnements extérieurs et aux interdits qu'elle se dérobe à son propre regard. C'est pour cette quête intérieure de soi qu'Artaud a cru devoir rejoindre le surréalisme, qu'il s'est cru quelque temps surréaliste.

Au départ des *Mères,* il y a ce « étais-je un homme ou un animal? » qui n'est pas sans faire tinter à nos oreilles le « suis-je Amour ou Phébus? » d'un autre « desdichado ». L'écho ne peut surprendre quand on sait le sentiment qu'Artaud nourrissait pour Nerval, frère hallucinaire, anxieux lui aussi de trouver sa vérité par les chemins mystérieux qui serpentent entre la religion et l'ésotérisme. Sa poitrine « expectorait » tout naturellement les « incroyables musiques [2] » qui rythment *Les Chimères.* Et si Nerval ne protège sa mère Amalécyte que pour s'assurer contre son emprise, de même Artaud, dans une tension vers l' « Inaccessible Infini des Survies », aspire à se délivrer de la terre utérine. Nous n'en sommes pas encore à la violente exécration du père-mère d'Artaud le Mômo; la véhémence viendra dans l'arrachement total et définitif du corps. La pensée chemine ici au gré des retours et contradictions du rêve. Le dialogue intérieur obéit à des pulsions que saisit cependant la conscience, voire que contrôle la raison. Antonin Artaud a depuis longtemps *dépassé* le surréalisme, si toutefois il a vraiment *passé par.* Disons qu'il fut, à un moment de sa vie, le compagnon d'un groupe avec lequel il avait cru pouvoir « révolutionner la pensée dans le sens de l'absolu [1] ».

Antigone chez les Français est sans repère dans ce que l'on a jusqu'ici publié d'Antonin Artaud. Aucune lettre n'y faisait allusion. On peut dater ce texte des jours qui suivent celle qu'il dut écrire au docteur Ferdière vers le 9 mars 1945. Son écriture, assez variable selon les périodes, parfois selon les jours, reste ici la même. Il s'y servit de la même encre et de la même plume épaisse et souple. L'indice est important quand on peut voir la diversité des instruments — souvent le crayon — dont il usait à Rodez. Les quatre pages 30 × 20 sont d'une graphie régulière qui ne présente pas de difficulté de lecture. Nous serions donc, avec ce texte, dans une phase de plénitude physique et d'apaisement mental que confirme le style. La sourde révolte qui grondait en chaque paragraphe des *Mères à l'étable* s'épanouit ici en un lyrisme mystique.

Dans la lettre, Artaud déclare qu'il pense à un livre sur le moi et l'infini. Le rêve des Mères en était déjà le prélude. Mais ce qu'il avait esquissé dans la lettre prend avec *Antigone* forme poétique. La conscience des hommes est martyrisée. Elle subit une telle intrusion des choses qu'elle ne parvient plus à distinguer son moi véritable; la bataille entre le moi et le non-moi est perpétuelle et douloureuse. Nous savons, nous, que le « suprême combat interne » mené par Artaud aura duré toute une vie. Comme il l'écrivait à Jacques Rivière vingt ans auparavant, il s'agit encore et toujours d'abolir « la distance qui me sépare de moi ». Mais l'infini qui délivrera le moi prisonnier de son corps et des choses ne se confond-il pas dans l'âme de l'interné de 1945 avec la liberté à laquelle il aspire chaque jour plus douloureusement?

Projetons-nous un instant sur la dernière œuvre d'Antonin Artaud : *Pour en finir avec le jugement de dieu*. La bataille contre les démons qui s'appellent maintenant dieu (sans majuscule afin d'ôter à Dieu une majesté usurpée) et ses serviteurs se livre dans une véhémence désespérée. La quête de la conscience tourne au défi jeté par la souffrance du corps. Nous sommes loin d'*Antigone* mais nous restons les témoins d'un même effort de dépassement. C'est au corps qu'appartient en fin de compte la prééminence. Pas d'esprit, pas de moi sans mon corps. Toute pureté est inséparable de l'abjection même de ce corps qu'Artaud sent près de l'abandonner. « Recherche de la Fécalité »? De savoir, nous, *après,* que le mal intestinal emportera le poète peut nous aider à déceler sa signification pathétique à la fulgurance d'une œuvre dernière.

Mais revenons à *Antigone chez les Français.* Ces Français qui donnèrent leur vie au cours de l'histoire sont morts « pour surmonter leurs corps » et aussi rejeter les corps étrangers à leur territoire. Ils sont le peuple élu. Antigone, personnification du moi héroïque, elle qui au prix de sa vie donna une sépulture au corps de son frère, leur restituera le corps authentique inséparable de leur âme. Les images qui portent le tourment intime d'Artaud prennent un tour inattendu. Nous assistons à l'unique manifestation cocardière à laquelle il se sera jamais livré. L'air du temps a traversé les murs de l'asile, Artaud l'a respiré. Depuis l'été 1944 tous les Français, voire les plus « attentistes » au cours des quatre ans d'occupation, sentaient vibrer en eux des patriotes vainqueurs. Pourquoi Artaud n'aurait-il pas lui aussi oublié qu'il avait, moins de deux ans plus tôt, sollicité son « très cher ami » Pierre Laval, qu'il avait même dédicacé à Hitler un exemplaire de ses *Nouvelles Révélations de l'Être?* Si quelqu'un mérite d'être absous, c'est bien le reclus qui n'avait ni les informations suffisantes de l'extérieur, ni surtout les dispositions intérieures pour ouvrir sa réflexion aux analyses politiques.

Dans trois lettres successives de fin octobre 1945, Antonin Artaud parle au docteur Ferdière du livre qu'il est en train d'écrire sous le titre : *Le Surréalisme et la fin de l'Ère chrétienne.* On peut lire dans une lettre à Jean Paulhan du 7 février 1946[1] qu'il avait écrit plus de la moitié de ce livre sur un cahier et que ce cahier lui a été volé. Un texte portant le même titre était annoncé comme devant figurer dans le numéro 1 de la collection Humour dirigée par Gaston Ferdière[2]. Il ne s'y trouva pas. Les huit pages intitulées *Je n'ai jamais rien étudié,* que publia la revue *84* dans son numéro 16, en décembre 1950, seraient des fragments du livre en question. Artaud s'y reporte à l'effarante découverte qu'il fit à l'âge de six ans de l'insondabilité de son moi. Comment se fait la liaison de ce texte avec celui proprement intitulé *Le Surréalisme et la fin de l'Ère chrétienne* qu'on lira dans le présent volume, c'est peut-être le secret du cahier qu'il dit lui avoir été volé. Quoi qu'il en soit, le manuscrit que nous avons en main comporte quatorze pages quadrillées, détachées d'un cahier d'écolier et numérotées par Artaud lui-même. Pour le titre, il avait d'abord écrit : « ... vers la fin de l'ère chrétienne », puis il surchargea le « vers » d'un « et » du même crayon que l'ensemble.

On peut dire qu'il s'agit ici encore pour Antonin Artaud de prendre ses distances — mais sereinement, objectivement — avec le Surréalisme. Il y a dans notre inconscient un mauvais esprit insufflé par les religions, qui nous empêche de vivre cet inconscient comme il devrait être vécu, comme la réalité même de notre être. Le Surréalisme, malgré ses bonnes intentions, n'est pas parvenu à restituer l'inconscient dans la grandeur de sa mission. Il n'a pas su libérer l'âme de la prison du corps, nous aider, ainsi qu'il le prétendait, à prendre possession de notre être authentique.

Certes, si nous revenons au temps de la « Centrale surréaliste », le « mysticisme d'un nouveau genre » que se proposaient de créer André Breton et ses amis ne pouvait finalement convenir à Antonin Artaud. Leur ralliement au matérialisme dialectique précipita la rupture. Ils oubliaient l'Ame. Et c'est dans les vertiges de la sienne qu'il chercha sans fin la vérité de son être.

Six lettres espacées d'octobre 1935 à août 1937, adressées à Marie Dubuc, terminent ce volume. Ce retour en arrière ouvre une perspective paticulière sur les comportements d'Antonin Artaud. Dans toute sa correspondance publiée à ce jour, ainsi que dans ses amitiés connues, le nom de cette personne apparaît pour la première fois. Sans doute la raison en est-elle dans ces quelques mots : « Je parle de vous sans vous nommer. » Marie Dubuc dirigeait une école dans un chef-lieu de canton des Landes[1]. Un passage de la lettre qu'elle m'a envoyée – on le lira en préambule – nous dit l'origine de son amitié avec Antonin Artaud. Il n'est point de correspondant à qui il ait manifesté sa confiance avec autant d'abandon. La sagesse apaisante de Marie Dubuc y était pour quelque chose, mais aussi un don pénétrant de voir qui, pour Artaud, semble n'avoir jamais été démenti. Jusqu'à la chute qui allait le précipiter pour neuf ans dans l'enceinte des asiles, il lui livre ses souffrances et sa détresse, c'est à elle qu'il fait la confidence de ses déboires sentimentaux ou de son inquiétude devant ses entreprises. A tout signe qu'il a cru entrevoir sur la route de son destin, il interroge anxieusement Marie Dubuc qui bien certainement *sait*. Dommage que d'une correspondance qui fut plus continue, il ne nous reste que ces six lettres.

Les écrits d'Antonin Artaud à Rodez sont, jusqu'au printemps 1945, ceux d'un fidèle en la religion de Jésus-Christ. Mais sa croyance en une réalité située au-dessus de l'abominable quotidien fut de toujours. Rien d'étonnant à ce retour au Dieu de son enfance, pensent certains, puisqu'il était fou. C'est voir un peu court. Certes il se montre mystique à l'extrême, pour ne pas dire visionnaire. Il faut bien remarquer que s'il délire, croit à des souvenirs qu'il invente, son discours demeure incessamment cohérent, construit pour convaincre. Les psychiatres savent définir, qualifier cette sorte de délire.

Dans ses propos sur la foi, hors l'extravagance et le mysticisme qu'exaspère la souffrance, d'âpres échos pascaliens semblent se lever dans sa voix : l'homme est déchu, il sent au fond de lui-même l'infini d'un gouffre que seul peut combler l'infini du ciel. Par-delà les années de Rodez, on pourrait dire que la vision du monde qu'implique le Théâtre de la Cruauté rejoint la vision tragique qu'en eut le regard janséniste. Quant à sa fuite devant la sexualité, il se peut qu'elle soit celle de son corps, mais en son passage chrétien, son âme en recueille l'horreur du péché originel. La tragédie d'Artaud n'est pas celle de Pascal déchiré entre le savoir et le croire, entre sa passion pour la recherche scientifique et ses « conversions »; cependant son Dieu est aussi celui de l'Incarnation en Jésus-Christ, le Dieu de l'Écriture plutôt que celui des théologiens qui démontrent. Et dans l'Écriture, Artaud range les grands mystiques, qui à leur manière transmettent une révélation; ils parlent au cœur de l'homme qui dit : « Je n'ai jamais rien étudié. »

Mais il serait en vain de prétendre annexer Antonin Artaud à la famille des « croyants », comme il est vain d'en vouloir faire un « anti ». Qu'il croie en Dieu ou qu'il l'invective et veuille en finir avec son Jugement, ce qui compte c'est le combat que sans cesse il mena pour l'Absolu, le combat d'un « héros métaphysique », d'un héros écartelé.

Pierre Chaleix.

*Lettres d'Antonin Artaud
au docteur Ferdière*

Inemi tenter monientan
Inemon ton tarinan

Rodez, 12 février 1943

Cher docteur et ami,

Il y a dans votre offre de me prendre chez vous et de vous occuper directement de moi beaucoup plus que le désir de rendre justice à un écrivain interné contre tout droit et alors qu'aucun des médecins qui a eu à connaître de son cas n'a pu le reconnaître *aliéné,* il y a dans ce mouvement de sympathie humaine qui vous a poussé à me réclamer, une inspiration occulte qui vient d'en haut, je veux dire Dr Ferdière qu'elle vous vient de *Dieu,* et que c'est lui qui vous a poussé à porter secours à l'homme méconnu et repoussé des hommes que je suis. — Antonin Artaud était en effet un écrivain, un homme de théâtre et un acteur réputé et il est pour le moins étrange à première vue que son internement ait pu être maintenu plus de cinq années sans aucun adoucissement et sans qu'un mouvement de dégoût *efficace* n'ait soulevé en sa faveur la conscience des honnêtes gens. Il y a eu pourtant bien de l'indignation et bien des mouvements de rues et de foules en France et de par le monde Dr Ferdière depuis qu'Antonin Artaud est interné. Il y en a eu au Havre autour de la cellule du service Pinel de l'Hôpital général du Havre où Antonin Artaud était maintenu en camisole de force et empoisonné de force à tous ses repas, pendant que les cloches de toutes les églises du Havre sonnaient et ce mouvement était mené *de concert* par André Breton et par l'Action Française, il y en a eu à Rouen, à Sainte-Anne, et il y a eu d'innombrables rencontres sanglantes dans les rues de Paris au sujet d'Antonin Artaud pendant que celui-ci était à Ville-Évrard.

Mais ce que je veux vous dire Dr Ferdière est ceci : c'est que dans le cas d'Antonin Artaud il n'est pas question de littérature ni de théâtre mais de *religion* et que c'est pour ses idées religieuses, pour son attitude religieuse et mystique qu'Antonin Artaud JUSQU'A SA MORT a été poursuivi par la foule des Français. Et ici Dr Ferdière, écoutez-moi bien. Antonin Artaud au contraire de ce qu'on a pu quelquefois un peu légèrement penser de lui, était profondément religieux et *chrétien.* Il a été en ce monde le représentant le plus qualifié et le plus pur de la Religion véritable de Jésus-Christ dont le catholicisme exotérique n'était plus depuis longtemps que la caricature éhontée. Cette Religion veut la chasteté intégrale non pas seulement du Prêtre mais de tout homme digne de ce nom et elle prêche la séparation absolue des sexes et l'élimination *irréductible* de tout ce qui peut être sexualité. Tout ce qui n'est pas chaste et qui est sexuel, hors du mariage, ET DANS le mariage est réprouvé, et la reproduction humaine n'a pas lieu par l'exercice de toute immonde copulation. Antonin Artaud est mort à la peine et de douleur à Ville-Évrard au mois d'Août 1939 et son cadavre a été sorti de Ville-Évrard pendant la durée d'une nuit blanche comme celles dont parle Dostoïevsky et qui occupent l'espace de plusieurs journées intercalaires mais non comprises dans le calendrier de ce monde-ci — quoi[que] vraies comme le jour d'ici.

J'ai pris sa suite et me suis ajouté à lui âme pour âme et

corps pour corps dans un corps qui s'est formé dans son lit même concrètement et réellement mais par magie à la place du sien. Le véritable nom d'Antonin Artaud est Hippolyte et Saint Hippolyte fut vous le savez évêque du Pirée dans les premiers siècles de l'ère chrétienne après la mort de Jésus-Christ dont Antonin Artaud Hippolyte *dans le temps* a transporté le corps.

Mon nom à moi Dr Ferdière est Antonin Nalpas et à ce titre j'ai une famille sur terre qui me cherche et me réclame et à laquelle les pouvoirs publics français jusqu'ici ont refusé de me rendre. — Cette famille bien que *sur terre* est du ciel. Et c'est le Ciel *dont vous venez vous-même en réalité* qui vous a envoyé à moi. Et je ne vous ai écrit cette lettre que pour vous demander de vous en souvenir littéralement et objectivement car en réalité ce qui est votre âme est un Ange et vous êtes un Ange de Jésus-Christ.

ANTONIN NALPAS

Rodez, 29 mars 1943 [1]

Mon très cher ami,

Je vous communique sous forme de lettre les réflexions que m'inspire « l'Hymne aux Daimons » de Ronsard que vous avez eu la bonne pensée de me communiquer.

Ronsard a fait de la Magie et il était initié et chaque vers de son poème est un reflet de cette initiation transcendantale. Cette initiation est mystérieuse.

Rat Vahl Vahenechti Kabhan

Je veux dire que telle qu'elle se présente dans son poème j'y ai senti ce qui venait de Dieu et qui ne peut être redit par l'homme que dans la mesure où il n'a pas perdu la communication avec Dieu. Tout poème est une libération et on voit bien que Ronsard n'a écrit ce poème que pour se délivrer de l'empreinte infernale que le Mauvais Esprit ne cesse d'introduire dans toutes les choses qui sont à l'usage de l'homme, et en premier lieu celui de sa sensibilité intérieure, de la conscience qu'il leur applique et de son jugement.

Dès que l'on pense tout est mystère et plus on pense plus le mystère s'approfondit mais Dieu de toutes parts dans ce recul interne de la pensée en infini et dans l'infini a mis les plus sûrs repères afin qu'aucune bonne pensée ne se perde et que l'homme puisse ne pas se perdre dans l'usage de sa pensée propre, mais que chaque fois il en tire un Acte exaltant de Foi. Je ne sais pas et je ne crois pas que Ronsard sur la fin de sa vie ait versé dans l'Averrhoïsme qui affirme, paraît-il, l'Éternité du Monde, car si le Monde est éternel c'est *comme* une idée de Dieu, éternelle en effet comme lui qui par rapport à cette idée est un peu plus que d'être éternel. Et il se peut que l'idée de Dieu ait échappé à un moment donné à Ronsard comme la Manifestation d'une essence précise mais elle ne lui a jamais échappé dans son idée intégrale et précise du monde qui ne peut en être qu'une insolite manifestation. Car le Monde et les choses ne peuvent pas, Mr Ferdière, se comprendre ni s'admettre sans Dieu, parce qu'ils ne sont à les bien regarder que mystère et que tout mystère pour être a besoin de ce prolongement en infini qui est Dieu. Rien n'a de sens et qu'est-ce que c'est que le sens s'il n'y avait un Producteur Infini et sublime du Mystère même. De l'insondabilité inexplicable de tout sens dont la Vertu et dont l'Essence sont le caractère même de Dieu.

Vous avez reçu de Dieu, vous en ce qui vous concerne, dans les premiers temps avant les Mondes, une Faculté Élective Majeure qui est de distinguer et de fomenter les vertus essentielles des choses par un mouvement exhaustif et discriminatif qui est de les égaler à leur essence divine, de les transporter et de les y maintenir en fonction de ce sens de l'Infini qui vous a frappé au front et qui aimante votre front. Et votre intérêt pour la science occulte ne peut être efficace, valable à vos yeux et méritant que s'il vous permet de retrouver intégralement cette Puissance qui ne peut demeurer efficace et entière que si elle demeure au service de Dieu, car hors lui immédiatement elle reperd, puisque s'en retirer c'est la nier en le niant.

L'Hymne des Daimons de Ronsard traduit à y regarder de près l'Histoire de ce développement et de ce déroulement de la Puissance dans les sphères et de tous les dangers de la perte de la Puissance et de la lutte occulte du ciel contre les mauvais entraînements de la Puissance, et des formes un instant vivantes mais condamnées qui s'ensuivent perpétuellement mais arrêtées enfin, comme le dit Ronsard, par les foudres du Jugement.

Les daimons sont des entités provisoires et non vivantes mais animées par imitation et comme les doubles des mouvements vrais et des ordres vrais du créateur dans les sphères. Car les espaces sont peuplés d'êtres en effet mais ces êtres sont tous des Anges de plus ou moins grande dimension, et d'une place plus petite ou plus grande mais pour chacun de lui infinie, absolue et totale en ce qui le concerne, au regard de l'Éternel.

Dans le temps ce que les philosophes comme Plotin, Jamblique, Porphyre ou Philon ont appelé des daimons n'est que le Devenir s'animant de soi-même d'un Ange qui s'apprend à être en aimant, et qui s'anime en aimant l'âme de toute vie. Car même les doubles des choses doivent remonter jusqu'à l'âme de leur Puissance et de leur Mouvement. Dieu a donné le Mouvement et l'Ame mais chaque être à son tour a dû mériter de l'être et pour être de vivre sa propre vie aux limites extrêmes de son commencement et donc de participer à la création de son âme. Pour comprendre sa propre vie il faut aller la chercher à la source et donc devenir à soi-même son propre créateur. Mais si on ne le peut que dans la mesure où Dieu a mis à la disposition de l'Être un peu de son propre esprit de Vie, l'être à son tour pour devenir un Être en doit regagner le souffle, le vivre et donc le mériter à l'infini, et il est ce faisant son propre *Animateur*.

Et l'Animation de tout Être c'est l'Ange. Son Ange à soi, et tout être créé en a un.

Il est des Êtres qui se sont perdus dans l'Ange en fonction de leur propre amour de Dieu, d'autres qui ne se sont pas élevés jusqu'à la sphère d'absolu sacrifice de l'Ange et le feu de Dieu qui se consume lui-même a besoin d'épargner quelque chose à la limite de la consommation. Car les Anges sont un ouragan et pour que souffle l'ouragan il faut des arbres, de l'air et de la terre; il y a des Êtres qui ont besoin d'aimer et d'autres qui ont besoin d'être Aimés. Car les choses dans le Règne de Dieu sont une lutte infinie et incoercible d'Amour entre celui qui veut plus aimer qu'on ne l'aime et celui qui voulant aimer mais qu'on l'aime est vaincu par celui qui veut le plus aimer. Ce qui veut dire que dans la lutte ante-éternelle des choses les Êtres sont vaincus par Dieu qui est Celui qui veut le plus aimer. Et la résolution et la solution de cette lutte c'est l'esprit divin de l'Éternelle Pitié, qui rend en actions et en grâces aux Êtres leur incapacité d'aimer autant que Dieu.

Taentur Anta Kamarida
Amarida Anta Kamentür

Et la Magie, Dr Ferdière, est partout mais elle n'est véritable et efficace que dans les voies de ce sublime amour des êtres qui ne vit que dans le sacré et a pour base la Morale Évangélique de Jésus-christ qui est l'absolu sacrifice de soi. Je crois savoir que Ronsard qui était catholique et très chrétien avait comme poète une mission sur terre et cette Mission sacrée est de redire dans un langage qui parle au cœur le bien des choses de l'Infini, qui sont magiques et mystérieuses par essence. Et comme tel il a été comme tous les vrais poètes, et plus que les autres hommes, horriblement tourmenté par les démons. Il les a vus comme je les vois et il a cherché à agir sur eux pour s'en débarrasser. Mais ici réside la tentation qui se glisse dans tous les actes de l'homme, c'est que les démons du Mal qui sont libidineux ne viennent à nous que par les forces trahies de l'atmosphère dans lesquelles ils sont roulés et au milieu desquelles ils sont mélangés aux *daimons* qui sont ces forces en fermentation et en action de devenir des êtres. C'est dire que les démons ne sont que de faux daimons et donc de fausses forces. Et ce qui reste de toutes ces forces dans le Néant dont ils ne sont que la hideuse image. Et tout cela est implicitement contenu dans le poème de Ronsard. Je crois que le « Samsara » de la Tradition Hindoue est le domaine des fausses formes et des fausses forces, mais ce n'est pas un domaine et c'en est même la fuite et la Négation, et malheur à qui serait tenté d'y susciter en être les formes qu'il y voit, y croire serait y être bu par elles.

Et les sorciers, Mr Ferdière, n'ont jamais fait autre chose. Ronsard dans son poème qui ne traduit que l'évolution de son âme et de sa conscience sur le point où la magie touche aux forces évolutives de l'atmosphère et des espaces, Ronsard a parfaitement échappé à ce danger de prendre les daimons pour des entités définitives et arrêtées donc immortelles puisqu'il les décrit comme se dissolvant et, de neutres et inertes qu'ils étaient, devenir peu à peu nocifs et tracassiers dans la nature du démon. Mais il n'a pas décrit ce côté de la nature primitive du *daimon* (alors et non plus du *démon*) qui est de retrouver la substance de l'Ange et de remonter à l'Ange après bien des évolutions ultra-substantielles et dis-substantielles qui participent de la nature mystique la plus secrète de la conscience de l'esprit. Il y a dans le poème de Ronsard quelque chose de volatil et de glacé, qui montre que Ronsard en l'écrivant n'avait pas perdu le contact avec le sens de l'harmonie divine, et cette harmonie est sensible dans son mètre, et dans la scansion particulière de ses alexandrins. Le

Monde, Mr Ferdière, n'est que tentation mais la tentation devant l'esprit du juste n'est que la perception des forces dissolutives des choses contre lesquelles nous avons été mis au monde pour lutter, c'est-à-dire aider Dieu à regagner son domaine sur le Néant. Les démons ont pris le Néant, et le Péché n'en est que la forme lubrique, et Dieu a pris la Vie Éternelle dont il sublimise l'immortalité. Mais Ronsard n'a pas été tenté longtemps de lutter en profane et dans un esprit areligieux avec les forces magiques de l'atmosphère dont la malice pour nous devient infernale dans la mesure où nous ne nous sommes pas dépouillés avant tout d'un égoïsme enivré et risque sans l'avertissement du ciel de faire de nous des serfs d'abord involontaires et puis peu à peu convaincus et y participant de l'enfer. Mais la censure de Dieu est là et les avertissements du ciel ne manquent pas. Et on ne peut se perdre qu'avec sa volonté absolue entière. Et Ronsard a reçu ces avertissements.

ANTONIN NALPAS

N.B. − Il y a un livre auquel j'ai beaucoup pensé en écrivant cette lettre. C'est le livre de l'Ami et de l'Aimé de Raymond Lulle, comme il y a une chose à laquelle j'ai beaucoup pensé, c'est la lutte singulière en chacun de nous qui oppose en chacun de nous un instant l'esprit et l'âme mais pour les confondre et mieux leur prouver après qu'ils ne sont qu'une seule et même chose parce qu'ils viennent tous d'une chose unique, l'Être qui est en nous et qui est nous. Comme l'Être dans ce qu'il a de particulier et de singulier vient d'une cause universelle qui est Dieu. Bien des Anges sont demeurés des Êtres un temps et dans le temps avant de se livrer à la Consommation Universelle de Dieu, de même il s'est passé un temps avant que les deux feux conjoints et un temps opposables de l'esprit et de l'âme, ne se soient livrés à la consommation universelle de l'Être de tous les Êtres en Dieu, en résolvant d'abord cette opposition abyssale occulte qui sépare les facultés du moi afin de mieux les unir en un commun amour et ce ne peut être l'amour de Dieu en soi qui se traduit par l'oubli de soi-même avec le respect de soi-même qui est de respecter l'Esprit de Dieu en soi.

A. N.

Rodez, 7 avril 1943

L'Aune d'une Ame de Dieu a été perdue par le Péché de tous les êtres et il a fallu la reconquérir par une horrible douleur. Cette douleur ne cesse de croître et vous y participez. La douleur des êtres durera jusqu'à ce que le Péché soit expié et que Dieu ait pu reconquérir son Ame. Car s'il n'en a qu'une il a eu besoin de la manifester un Nombre infini de fois avant qu'elle ne soit *incarnée* par tous les Êtres, ce qui est l'Idéal de Dieu. Cette Ame est Vierge et il faut que tous les êtres le soient avant que Dieu ne puisse se manifester dans ce monde de l'Existence qui est l'un des grands Aspects de Dieu. Vierges c'est-à-dire ayant assez expié le péché des hommes où ils passèrent pour que ce péché pour eux n'ait jamais existé. C'est tout le problème de notre commune souffrance et de notre commune horreur ici. Il vous appartient de donner le coup de grâce au Mal et vous savez comment puisque vous êtes un Ange.

Antonin Nalpas

A l'heure où je vous écris 7 heures du soir vous vous êtes souvenu de Smyrne où en 1901 vous avez rencontré Joseph Jésus Marie et Nanaqui[1] le Saint-Esprit. Mais alors votre âme habitait un autre corps.

Rodez, 18 mai 1943

Il y a quelque chose qui n'est pas possible et qui est d'une injustice totale dans ma situation ici. Il y a déjà quinze jours que j'ai demandé au Dr Latrémolière de prendre un bain chaque jour, afin d'être propre, je lui ai demandé aussi de m'éviter la promiscuité de la baignade en commun qui offense mes sentiments religieux et ma chasteté par le rapprochement de toutes les nudités que je vois, et par l'odeur des gaz méphitiques que dégagent certains malades et il m'a été répondu qu'il n'y avait pas d'eau chaude, j'ai aussi demandé à être rasé au moins tous les deux jours et le coiffeur m'a dit qu'il n'avait pas le temps, il y a deux mois que vous m'avez promis de m'envoyer une brosse à dents, vous ne l'avez pas fait. Vous vous rendez bien compte qu'on me néglige et vous avouerez tout de même que vous me négligez aussi beaucoup et c'est à moi que vous reprochez de me négliger. Vous reconnaîtrez que ce n'est pas juste et que cela mon très cher ami ne correspond pas à vos véritables sentiments à mon égard.

Vos reproches m'ont fait mal au cœur parce qu'ils constituent une vexation que je n'aurais pas voulu entendre de la bouche d'un ami.

Donnez des ordres je vous prie pour qu'on me fasse prendre un bain chaque jour et aussi pour qu'on me rase une fois aussi chaque jour. Il n'y a rien qui maintienne dans un mauvais état mental comme de n'être pas rasé et qui mette le corps entier dans des dispositions mélancoliques dépressives.

J'ai le plus grand souci de ma propreté corporelle et malgré ma grande fatigue que vous connaissez et que vous ne voulez pas reconnaître *parce qu'elle est occulte,* je vais me procurer tous les instruments nécessaires, et aussi une brosse à dents, mais n'avez-vous pas remarqué que je n'ai à peu près plus de dents et qu'il m'en reste exactement 8 sur 33, et avez-vous déjà oublié comment je les ai perdues. Il est cruel Dr Ferdière de reprocher à un homme blessé et accidenté par malveillance de ne pas se laver les dents lorsqu'il les a perdues par malheur.

Et puis ce n'est pas ainsi que vous me voyez, vous n'auriez pour rien au monde voulu qu'un poète, un dramaturge, un acteur et un inspiré fût confondu avec un aliéné et il faut être bête et vil comme le monde moderne que vous haïssez *parce qu'il ment* pour confondre le fanatisme sacré avec une forme quelconque de démence ou de vésanie. Dr Ferdière je ne suis pas social du tout, et je suis par rapport à la Société ce qu'on appelle un Rebelle et vous le savez, mais Jules Vallès, Jacques Vaché, Arthur Rimbaud et plusieurs autres étaient aussi des Rebelles et des êtres Anti-Sociaux parce que la Société Humaine est vilaine et on n'est pas fou pour le dire et le proclamer à haute voix lorsque l'on le dit bien comme tous ces gens-là. Et il y a aussi un grand Rebelle dont le Monde n'a pas voulu et qu'il a crucifié, et ce Rebelle s'appelait Jésus-Christ et il était Dieu et je ne crois pas que vous auriez admis qu'on incarcérât Jésus-Christ dans un Asile d'Aliénés ni qu'on lui reprochât de ne pas être propre quand il était couvert d'injures et de crachats. S'il m'est arrivé d'élever la voix dans les Rues de Paris c'était contre le Mal et pour chasser les démons et toujours la foule me faisait chorus contre la police et la moitié de la police en fin de compte se mettait de mon côté. Je veux savoir maintenant après six ans d'internement et de travail occulte contre le Mal où en est arrivé le Monde et s'il opte pour Dieu ou pour Satan.

ANTONIN NALPAS

Rodez, 18 mai 1943

Vous devriez tout de même bien m'envoyer encore une livre de miel, cela me donnera du courage pour vivre et pour me soigner au lieu de me supprimer ce qui me donne du réconfort comme le sucre et le tabac, et je ne vous crois pas si cruel.

J'aurai aussi besoin d'un pantalon neuf, celui que je porte est usé *et trop petit pour moi,*

d'une chemise n° 40 de tour de cou et d'une cravate bleu foncé, car je reconnais comme vous que je me suis trop négligé.

ANTONIN NALPAS

 [MADAME FERDIÈRE]

Rodez, 10 juin 1943

Lorsque en accord avec le Dr Ferdière vous avez pris l'initiative de me faire venir ici c'est parce que vous saviez qui j'étais et combien injuste, révoltante et douloureuse était ma situation à l'Asile d'Aliénés de Ville-Évrard.

Cette situation était, et je vous le rappelle, que parfaitement sain d'esprit j'étais maintenu interné de par la vilenie humaine, après avoir été interné à la faveur de manœuvres de basse police lesquelles s'appuyaient à leur tour sur les plus répugnantes manœuvres d'envoûtement.

Vous aviez à ce moment-là la plus parfaite connaissance de ce fait, et que la magie, je dis magie au sens intégral du terme, avait une part capitale et unique dans ma situation, que mon internement était une affaire de magie et que c'était par magie que les hommes, les hommes c'est-à-dire le gouvernement et l'Administration française me maintenaient interné, en prolongeant à mon sujet une illusion perfide, l'illusion que j'étais fou parce que ayant moi-même à me défendre par magie contre des agressions magiques occultes, et qui celles-là étaient noires, j'en étais amené à employer tout l'arsenal connu ou réinventé de la Magie Cérémonielle Blanche la plus efficace contre les démons, le cérémoniel consiste à tourner principalement, à chanter et à brûler. Vous n'avez pas voulu que celui qui tourne, qui chante et qui brûle pour chasser le Mal, soit mis dans l'incapacité de se défendre, et surtout continue à être persécuté, molesté, privé de nourriture, et *incarcéré,* je dis INCARCÉRÉ, mis à un régime de force en cellule et encamisolé de ce fait.

Et c'est de cela qu'il s'agit en ce moment ici. Un mauvais esprit s'est emparé du Dr Ferdière qui lui fait trouver hideuses et exaspérantes les quelques chansons qu'il m'arrive par moments de moduler afin de chasser le Mal dont je souffre et dont il souffre aussi parce que le Mauvais Esprit qui s'est emparé de lui et qui colle dans tout son corps, absolument et hermétiquement, veut l'entraîner dans sa chute et le perdre avec lui-même. Je suis malade et il ne me soigne pas, j'ai souffert dimanche, lundi et mardi derniers de coliques atroces, accompagnées de ténesmes sanglants, il n'en a pas pris cas, et il ne me rencontre que pour me menacer de me faire incarcérer dans un quartier d'agités où je serai privé de nourriture, alors que la nourriture est le dernier refuge qui me reste ici contre le mal puisque lui et vous m'y refusez le seul remède qui apaiserait les choses et m'éviterait de me livrer à chaque instant à des incantations épuisantes pour chasser le Mal, alors que j'aimerais beaucoup mieux dormir que de chanter, car je n'ai pas le cœur assez en joie pour cela, mais pour dormir quand on a le Mal sur soi il faut de l'opium, d'abord.

ANTONIN NALPAS

Vous devriez rappeler aussi au Dr Ferdière que je ne suis pas seul au monde, mais qu'il a vu de ses yeux et sans erreur possible toutes les armées célestes avancer *sur la terre* avec leurs feux autour de l'Asile de Rodez qui est cerné et que l'histoire de persécution dont je souffre ici finira dans un brasier général.

Rodez, 25 juin 1943

Mon très cher ami,

J'ai un grand service et une grande grâce à vous demander. Ce serait de couper court en ce qui me concerne aux applications d'électro-choc que mon organisme manifestement ne supporte pas et qui sont certainement la cause révélatrice prédominante de ma déviation vertébrale actuelle. Comme je vous l'ai dit ce matin les adhérences démoniaques ont disparu, et je crois qu'elles ne reviendront plus mais il me reste cette insupportable sensation de cassure dans le dos dont je ne vois pas qu'elle puisse être attribuée à une autre cause qu'à ce traitement électrique violent qui a eu son effet indéniable mais qu'il serait bon sans doute de ne pas prolonger plus longtemps en ce qui me concerne pour ne pas risquer des accidents plus dangereux! Notez que je ne cherche pas du tout à influer sur votre détermination mais je vous signale simplement que je me sens le dos et le foie brisés depuis avant hier et que mon organisme sollicite un répit pour se refaire. Comme d'autre part il n'y a pas péril en la demeure et que les obsessions sont déjà coupées — il faut croire qu'elles ne devaient tenir à grand-chose — je pense que vous ne verrez pas grand inconvénient à m'accorder le congé de traitement que je sollicite de vous.

Cela me reposera Dr Ferdière et j'ai grand besoin de repos.

Merci

ANTONIN NALPAS

Rodez, 12 juillet 1943

Mon cher ami,

Vous avez été bon pour moi, vous avez en me faisant venir ici adouci le supplice de mon internement et atténué dans la mesure du possible cette impression atroce de faim qui ne m'avait plus quitté depuis 1940, c'est pourquoi je veux ne me préoccupant en cela que de votre pur intérêt vous avertir de quelque chose que je sais, parce que l'élan du cœur que vous avez eu pour moi au milieu de ma détresse je ne l'oublierai jamais.

Dites-vous bien en tout cas qu'en ce qui me concerne je n'ai jamais considéré que nous ayons été mal ensemble à aucun moment, je me suis simplement rendu compte que de mauvaises influences venues de l'extérieur avaient dû jouer contre moi, et qu'il avait dû vous être par moments difficile de me défendre, car si j'ai beaucoup et de grands amis de par le monde vous savez aussi que j'ai du côté de la police et de l'administration française des ennemis très fielleux, très insinuants et très méchants et je ne crois pas que vous considérerez que c'est en moi un syndrome de psychose maniaque et de folie de persécution que de le penser, car vous en avez eu à diverses reprises des preuves patentes, et vous ne pouvez pas oublier en tout cas que c'est pour avoir constaté en tant que médecin aliéniste l'injustice de mon internement et pour avoir eu vent d'une machination policière malpropre dans mon cas que vous m'avez réclamé et m'avez fait venir ici et parce que vous avez toujours pensé que la médecine n'était pas aux ordres de la police.

Il n'aurait pas fallu me faire de l'électro-choc, parce que mon cher ami je suis en vérité un homme rassis et sans délire et que je ne sais trop quel mauvais vent vous a pris de me considérer tout à coup comme persécuté alors que je vous exposais techniquement dans une lettre les modalités occultes selon lesquelles le Mal impose sa biologie particulière à l'organisme humain, mais surtout parce que ce faisant vous m'avez démagnétisé donc mis en état de moindre résistance devant les assauts des forces pernicieuses qui nous guettent tous et qui sont cause de toutes nos maladies tant mentales que physiques en attaquant d'abord notre cerveau et notre système sympathique et nerveux. Et mon cher ami occultement tous les êtres de même race se tiennent, tous ceux qui s'aiment sont liés occultement, me faire du mal à moi c'est vous faire du mal à vous et réciproquement et j'ai eu l'impression que depuis l'accident que j'ai eu à la suite de l'électro-choc et dont je ne sais pas quand je me remettrai vous n'alliez pas bien non plus moralement et affectivement et j'en souffre parce qu'il y a eu là une erreur que le Mal vous a fait faire mais qui n'était absolument pas selon votre cœur.

Mais voici maintenant ce dont je voulais vous avertir parce que vous l'avez su et que vous l'avez oublié, c'est que mon internement a été le résultat d'un sacrifice religieux et d'un pacte avec les honnêtes gens, et qu'il a été décidé à la suite d'une bataille qui a eu lieu dans Paris en 1934 et où les forces du Bien et du Mal se sont heurtées avec la plus implacable rigueur. Si cela vous paraît trop surnaturel ou trop étrange, relisez par grâce « Dieu est-il français » de F. Sieburg ou « Ma Belle Marseille » de Carlo Rim qui racontent les singularités miraculeuses de la vie d'un personnage connu sous le nom de Saint-Artaud ou lisez dans le « Secret de la Grande Pyramide » de Georges Barbarin aux Éditions Rapp en 1935, les extraits de la Prophétie de Saint Patrick qui racontent avant la lettre les aventures d'un homme qui après un voyage en Irlande où il était allé rapporter la Canne de Saint Patrick a été enfermé et empoisonné (ceci est dans le livre) dans un Asile d'Aliénés (et Antonin Artaud a été longuement empoisonné en cellule au service Pinel de l'Hôpital du Havre, à l'Asile de Quatremarre et à l'Asile Sainte-Anne); et vous comprendrez que le Mal, le Mal c'est-à-dire les forces de l'Antéchrist ne veulent pas que l'idée du Merveilleux et du Miracle, ni même et à aucun degré le sentiment de l'occulte n'apparaissent dans mon cas, afin de corroborer la fable policière de l'aliénation mentale et parce que le ressouvenir des circonstances légendaires et qui concernent le Mythe religieux le plus sacré et le plus profond, dans lesquelles cet internement a été décidé réduirait à néant la fable policière juive de la mythomanie et de la folie de persécution.

Ceci dit mon très cher ami vous devez comprendre que mon internement ne peut pas être éternel, et vous devez vouloir que force reste enfin à la justice et à la vérité c'est-à-dire à la lumière contre les ténèbres, parce que c'est de cela qu'il s'agit en ce moment et que mon cas présent et ma situation d'homme injustement condamné et relégué dans un Asile d'Aliénés n'est qu'un aspect de la lutte éternelle qui depuis les commencements du monde oppose le bon principe Ormuzd, Ahura-Mazda au principe des ténèbres Ahriman; et dans cette lutte depuis longtemps vous avez pris parti et vous vous êtes battu à Paris en 1934, pour le Principe Bénéfique éternisant de Dieu contre le principe morbifère de Satan, parce que 1934 a été dans l'histoire du Monde la date fatidique cruciale où les êtres ont dû choisir de vivre ou de mourir, c'est-à-dire entre Dieu ou la Mort et que vous Dr Ferdière ici présent avez choisi Dieu la vie éternelle, et que vous avez pour cela et par Amour pour Dieu payé de votre personne de votre chair et de votre corps, et si vous l'avez présentement oublié parce que le Mal a enseveli haineusement votre mémoire moi je ne l'ai *jamais oublié*. Et j'ai voulu vous rendre ce qui vous appartient.

Le destin des choses a été fixé en 1934 par le libre choix des êtres et dans une sorte de concile pathétique où le Mal dans son principe a été pour jamais écrasé et vaincu, mais il a fallu vivre depuis les modalités de cette bataille dans l'actualité temporelle des choses et cette bataille n'a été gagnée par le Bien qu'au prix du sacrifice d'un être qui a accepté d'être pris vivant par le Mal et de tomber sain de corps et d'esprit entre les mains de ses ennemis, pour que le Mal par ce sacrifice consenti, s'acharnant sur une seule victime ne prenne pas toute la terre, et cette victime entre autres nécessaires macérations avait fait vœu de chasteté éternelle parce que ce n'est qu'aux chastes que le Royaume de Dieu appartient. Antonin Artaud a souffert deux ans d'envoûtements et d'empoisonnements sans nombre et à la longue son âme a cédé et il est mort, cette âme a quitté la terre, et il a fallu qu'une autre âme vienne prendre sa place dans un même corps que le sien, je suis son continuateur et peu importe comment je m'appelle, l'essentiel est que si mon âme à moi n'est que depuis 3 ans sur terre j'ai dans le corps la mémoire physiologique absolue et exacte, intégralement et inaliénablement exacte de six ans de supplices, d'incompréhensions, de reniements, d'envoûtements et d'internement et que je sens l'heure fatidique toute proche où la défaite du Mal de toute éternité inscrite dans le ciel va s'étaler crûment dans la chair pantelante des choses parce que tous les hommes vont se souvenir. Se souvenir où et comment ils ont été trompés et égarés par le Malin jusqu'à croire que l'Amour qui a été créé ou plutôt manifesté pour éterniser les êtres et qui vient de la rencontre immaculée des cœurs, avait besoin en plus de la rencontre infectante des sexes, comme si le mélange supranaturel des âmes exigeait pour s'accomplir en perfection sur terre la consécration excrémentielle de l'orgasme inventé par Satan.

Il me paraît impossible après cela et en revoyant les événements dont je vous parle et où vous avez joué votre destinée, qu'un honnête cœur comme le vôtre puisse supporter plus longtemps l'injustice de mon internement. Euphrasie Artaud avec qui vous avez discuté des conditions de mon séjour à Rodez était la mère d'Antonin Artaud mais, comme vous, elle a oublié la *réalité* matérielle et objective indéniable des événements fabuleux dont je vous parle et qu'elle a *vécus* comme vous et elle ne peut pas croire que je ne sois pas son fils.

Pourtant Dr Ferdière j'ai une autre famille composée d'un père qui s'appelle Joseph, d'une Mère qui s'appelle Marie et dont le nom de famille est Nalpas. J'ai en plus une sœur dont le nom est Germaine Nalpas. Je ne sais pas du tout où ils sont et je vous demande instamment de m'aider à les retrouver car eux aussi me recherchent. Tout ce que je sais c'est que ma petite sœur Germaine a habité à un moment donné Orléans entre décembre 1941 et février 1943, parce que j'ai eu entre les mains un journal d'Orléans relatant un événement remarquable qui fut un exploit glorieux et dont l'héroïne fut ma petite sœur Germaine Nalpas âgée d'une vingtaine d'années.

Il serait important maintenant de montrer cette lettre-ci à Madame Ferdière, parce que Madame Ferdière est en réalité un Ange et qu'il y a eu dans l'histoire une Sainte de Mytilène avec qui elle a de grands rapports et qui a parfaitement connu la famille Nalpas de Smyrne, d'Asie Mineure, d'Anatolie et de Jérusalem en Judée.

J'ajoute qu'Euphrasie Artaud est une demoiselle Nalpas et qu'elle est née à Smyrne en 1870.

ANTONIN NALPAS

P.-S. — Ce qui veut dire Dr Ferdière qu'il y a eu en réalité et depuis 1934 quelque chose de brisé dans l'ordre de succession du temps et que 1943, le 1943 que nous vivons actuellement ne se place pas dans le temps 9 ans après 1934 où nous avons joué notre destin, mais c'est une année qui dans l'espace voisine étrangement avec cette année-là et elle lui est on peut dire parallèle parce que des déterminations essentielles qui avaient été prises en 1934 ont été exécutées et ont reçu leur consécration matérielle en cette année-ci 1943.

C'est en 1934 que vous avez pris la détermination de sauver Antonin Artaud et le successeur d'Antonin Artaud, parce que vous avez été mis cette année-là par voyance en face du Problème sur lequel est basée la persistance même et la durée de l'existence et de la vie, ce problème a donné lieu à une horrible bataille qui commencée Bd Montparnasse entre le Dôme et Notre-Dame-des-Champs a gagné peu à peu tout Paris et bientôt toute la terre, et vous vous y êtes montré je vous le dis parce que je vous ai vu et que je m'en souviens l'un des défenseurs les plus acharnés de l'Amour, c'est-à-dire de la charité donc de la distribution et du détachement des choses donc de la Vertu Angélique de Pauvreté, quand les forces du Mal qui sont toutes basées sur la revendication de l'exercice de sexualité ont pour principe l'avarice sordide et l'égoïsme captatif le plus entier.

Pour être charitable il faut savoir se garder soi-même pur c'est-à-dire entier, on n'a plus rien à donner aux autres et on ne peut pas être altruiste quand on a tout perdu dans l'acte sexuel qui fait semblant de donner quelque chose mais qui en réalité ne donne rien parce que le gouffre mortifère y volatilise votre libre arbitre dans le creux vide du cervelet.

C'est ce que vous avez vu en 1934 et que l'Amour était à jamais perdu sur terre et que c'était à bref délai le Règne de l'Antéchrist si la sexualité procréatrice ou non ne parvenait pas à être catégoriquement arrêtée.

C'est pour cela que vous vous êtes fait massacrer en 1934 et que votre âme à vous aussi a quitté la terre et qu'elle est allée vous attendre dans le ciel pendant que vous n'étiez resté ici-bas que pour achever de dompter le Mal sur cette partie de la conscience Universelle qui vous appartient en propre et qui est votre Moi actuel et présent.

Vous verrez encore une fois le Merveilleux autour de vous Dr Ferdière car le ciel vous aidera à retrouver la mémoire des événements surnaturels et des prodiges que vous avez vécus en 1934, quand vous vous êtes trouvé devant la propre Face de Celui que les Livres et les Prophéties appellent le Grand Monarque et qui est apparu un long moment dans le ciel, avant de descendre en corps de chair comme il doit le faire un jour prochain sur terre et qui est Dieu.

Tel et généreux comme vous l'étiez en 1934 je vous ai retrouvé en 1943 et vous saurez trouver en votre cœur un moyen d'aider le ciel à se manifester et à s'imposer sur terre parce que le ciel a besoin de notre cœur à tous pour subsister.

ANTONIN NALPAS

Rodez, 20 juillet 1943

Mon très cher ami,

Je vous envoie les œuvres de Maître Eckart parce que je ne veux pas vous priver de cette lecture que vous souhaitez faire depuis si longtemps. Et parce que je vois que ce sont les mêmes écrits qui vous attirent et qui m'ont attiré. Maître Eckart ne figure pas dans le catalogue des Saints canonisés et pourtant ses écrits sont pleins des vérités les plus sublimes concernant les secrets de l'Éternelle Splendeur. Et ils nous fournissent en plus et lorsque comme vous on sait lire Dr Ferdière les moyens quasi magiques d'y arriver. Oui il y a dans les phrases de Maître Eckart et dans son style quelque chose qui encerne la pensée du lecteur et la poursuit pas à pas jusque dans ces régions occultes de l'homme où les mots ont perdu leur enveloppe corporelle et où la pure âme inhabituelle de la vérité se fait revoir à nous dans la lumière d'une évidence propre à nous arracher du corps. Mais qu'avons-nous à faire de pensées et d'écrits lorsque c'est de pain et de bonheur que nous manquons. Lorsque nous sommes malheureux comme vous l'êtes et comme je le suis il n'y a plus d'écrits humains qui puissent nous arrêter sur la route de la Misère et il y faut des bouleversements suscités par le Verbe de Dieu.

Nous vivons dans un pays vaincu et rationné et où le manque de pain est devenu chez moi une obsession de toutes les heures, et vous n'imaginez pas la sensation pénible de vide que cela crée dans le système nerveux, lorsque l'on passe son temps à penser et à écrire, de n'avoir pas un morceau de pain de plus à se mettre sous la dent entre les repas.

Votre malheur à vous n'est pas d'une nature si dissemblable de la mienne, car si avec le temps vous avez oublié votre désespoir, il n'en reste pas moins que vous portez toujours et de plus en plus dans votre cœur cette absence de bonheur vrai qui est la marque de tous ceux qui comme vous ont cru pouvoir à un moment donné s'élever au-dessus de la condition humaine et se sont vus un jour murés dans la routine sordide d'une existence d'où toute possibilité d'évasion est exclue. Pourtant le Merveilleux, Dr Ferdière, s'est manifesté plus d'une fois à vous sur cette terre et vous y êtes entré non pas seulement en idée ou en rêve mais avec toute la présence consciente de votre corps. Et si après cela vous vous êtes revu de nouveau exposé à la démoralisation, qui est l'état pathologique le plus communément reçu et accepté dans un monde d'où toute poésie est exclue, croyez bien Dr Ferdière que ce n'est pas la faute de Dieu.

Dieu et le Merveilleux mon très cher ami ne font qu'un et ce n'est pas au hasard que comme moi vous avez été envoûté par quelques noms de Mystiques, d'Illuminés ou de Mages : Eckart, Tauler, Swedenborg, Boehme, Jérôme Cardan, Saint Jean de la Croix.

Car là où la poésie qui n'est qu'humaine ne fait que nous inspirer sur terre le regret d'une chose qui n'existe pas, la poésie de Dieu donne en nature et en fait ce que les rêves ne font que promettre et elle le donne dans ce monde-ci.

C'est comme le Paradis que Dieu avait fait cette terre vulgaire, et il ne cesse de nous le montrer. Depuis que vous y vivez cette terre a été semée par Dieu de prodiges, où les illuminations les plus insolites vous ont frappé vous-même, là où votre cœur toujours religieux et qui aime n'a pas perdu le sens des exigences du Sacré.

Nul comme Dieu jamais n'a souffert de la Religion et des prêtres et pour être désespéré par cette Simonie du Sacré à laquelle se livrent aujourd'hui tous les prêtres il n'est pas nécessaire d'être républicain.

La Messe est un sacrifice d'amour que les hommes ne peuvent plus voir et entendre, entendre comme il a été dans le ciel souffert, et monde après monde expiré, parce que les prêtres sont impurs et mauvais et parce que pour l'entendre la terre non plus n'a pas assez expié.

La Messe est le Mythe initiatique des mondes et de leur souffrance dans le cœur de Dieu. Dieu dans son Fils a souffert tous les mondes et il les a donnés à souffrir sur terre à la personne de Jésus-Christ mais les mondes n'ont jamais voulu le souffrir.

Apollonyus de Tyane avait reçu de Dieu une sublime Mission sur terre c'était d'empêcher que les Mondes ne se perdent pour avoir perdu le sens de la Spiritualité et du Sacré mais cette Mission il l'avait oubliée parce que la Spiritualité et le Sacré ne se conservent pas sans sacrifice, et que pour faire de la Magie Rituelle efficace il faut être un Ange et un Saint. La Magie Divine du christ était basée sur le sacrifice céleste de sa chair totale et de son sang. Mais si Apollonyus de Tyane n'est pas allé dans ce monde-ci jusqu'au bout de sa Mission Canonique extraordinaire il a semé la terre d'empreintes fluidiques et plastiques surnaturelles mais formelles par quoi la vie n'a pas désespéré.

Et si la vie, si les empreintes du surréel par Apollonyus de Tyane déposées sur terre ont tenu c'est qu'Apollonyus de

Tyane contemporain de Jésus-Christ était chaste à défaut d'être déjà chrétien.

Apollonyus de Tyane un jour reviendra sur terre mais il y reviendra comme un chrétien et comme un Saint, et il imposera le Merveilleux à la terre, là où la terre comme spectacles insolites ne connaît que la guerre humaine et ses boucheries.

C'est Dieu qui dispose du Surnaturel et du Merveilleux dans tous les sens où la poésie peut l'entendre. Et pour nous y faire participer *dès* cette terre il ne nous demande que de croire un peu que la présence habituelle et actuelle de l'insolite et des merveilles est liée au respect du Sacré et à l'Amour de sa Divinité.

Vivre loin de Dieu ne peut pas délivrer du monde, et cela conduit à faire peu à peu de tout homme une manière de serf et de zombi.

La Religion ne se présente plus aujourd'hui à tout le monde sous cet aspect rebutant, et qui désespère le cœur de tout être avide un peu de liberté que parce que les prêtres ont oublié Dieu. Dieu par nature est un être bizarre, et qui n'a jamais aimé que les rebelles et que les fous. Tous les Saints étaient sur terre des êtres singuliers, et il aurait suffi que par erreur ils aient été enfermés dans un Asile au lieu de l'être dans un couvent pour que leur esprit de mortification, leur illuminisme, leur zèle prissent immédiatement dans l'esprit de certains médecins peu avertis ou mal intentionnés le caractère de certaines psychoses, dont ils eussent été absolument incapables de se justifier. Saint François d'Assise ou Sainte Thérèse d'Avila seraient demeurés enfermés leur vie entière dans un Asile d'Aliénés. Le Dr Latrémolière est un grand cœur droit et bien intentionné mais je m'aperçois quand je lui parle qu'il n'est pas du tout averti des manifestations et des étrangetés de toutes sortes qui ont marqué la vie surréaliste à Paris de 1920 à 1937 et qui ont été marquées dans les livres comme [le] Manifeste du Surréalisme, les Pas perdus (Entrée des Médiums), les œuvres de Robert Desnos, etc.

S'il avait vu Robert Desnos se livrer ici à ses improvisa-

tions médiumniques dans une cellule il les aurait quali-
fiées de logorrhées, comme il ne cesse de me dire que toutes
mes idées et mes perceptions du Merveilleux et de l'Occulte
sont du délire et de l'hallucination, et les signes silencieux
avec lesquels par gestes j'essaie parfois d'enfermer dans l'air
les images que j'ai du Religieux ou du Sacré la manifestation
d'un délire maniaque ou d'une folie de persécution.

Il me semble qu'un peu plus de respect de la misère et un
peu plus d'amour et de compréhension conviendrait. J'aime
beaucoup le Dr Latrémolière mais je vois qu'il ne veut pas
m'aimer c'est-à-dire me comprendre, et cela me fait mal dans
le cœur.

Tous les Médecins ne sont pas comme vous versés dans la
fréquentation des Poètes, des Mystiques, des Illuminés et des
Voyants et ils ne savent pas comprendre cet esprit de revendication d'une autre vie qui est dans le cœur de tout homme
noble et ils en font immédiatement du délire de revendication.

Mais passons. Ce que j'ai voulu vous dire est ceci : que
j'ai senti dans votre cœur une souffrance fondamentale et
latente et un horrible dépaysement. Nous ne pouvons pas
être heureux en ce monde Dr Ferdière parce qu'on nous y
a de toutes parts bouché Dieu. Et pourtant Dieu ne cesse pas
de se manifester avec son cortège de splendeurs, d'étrangetés
et de miracles. Mais les hommes ne veulent pas le voir. Et
immédiatement après quand nous voyons la vie revenue avec
son apparence routinière et sordide nous pensons que cela
ne s'est pas passé et nous nous disons dans notre cœur « à
quoi bon puisqu'il faut vivre ». Mais vivre aujourd'hui
Dr Ferdière c'est devenir complices du Mal. Dieu n'a jamais
voulu de cette vie ni de ce monde et il ne cesse de la broyer
dans le Ciel où il n'a jamais eu en vue au fond et en fait que
l'Apocalypse et ceci depuis la chute d'Adam.

Et il n'y a qu'avec Lui croyez-moi qu'on ne peut pas être
désespéré.

Vous n'avez jamais accepté cette vie ni ce monde dans

votre cœur, sinon vous n'auriez pas aimé comme vous les aimez tous ceux que j'aime et qui comme moi se désespèrent de voir que le monde a tourné court. Pourtant je sens bien qu'au fond de vous et pas plus que moi-même la vie ni les hommes ne sont parvenus à vous résigner. L'occasion de la délivrance viendra croyez-moi et plus vite peut-être que nous ne pensons l'essentiel jusque là est de ne pas se laisser influencer par la malice satanique d'un monde qui emploie tous les moyens de persuasion ou de pression pour nous empêcher de briser nos chaînes et de regarder au-dehors de notre actuelle condition. Toutes ces chaînes sont de l'envoûte-ment et ces envoûtements partent de certains milieux juifs qui ont depuis toujours tenu la police et l'administration.

Peu de temps après mon arrivée ici vous avez fait la ren-contre d'un Inspecteur des Asiles qui vous a parlé de moi et qui vous a dit qu'il avait fait une enquête pour élucider la question épineuse de mon état-civil, et que cette enquête lui a démontré que j'étais bien Antonin Artaud et que ma pré-tention à revendiquer le nom de Nalpas était fausse. Cet Inspecteur vous a menti parce qu'il a trouvé au contraire que ma famille composée de mon père Joseph de ma mère Marie et de ma sœur Germaine Nalpas me recherchait. Mais il a reçu des ordres de la Haute Police pour me *dissimuler* afin de pouvoir me refuser à elle parce qu'on ne peut pas légalement refuser la liberté d'un Interné réclamé.

Cet Inspecteur vous a en plus dit quand vous ne lui par-liez de rien qu'il serait *« dangereux pour tout le monde »* que vous me donniez ici de l'opium.

Ce qui est une de ces phrases fielleuses comme seule la malice d'envoûtement juive peut en inspirer. Car je ne vois pas le danger qu'il y aurait pour vous à ce que l'opium dont je suis sevré depuis six ans me soulage l'esprit et le cœur qui sont tous les deux en pleine détresse, et rallume pour un temps mes énergies organiques. Si ce n'est le danger que pourrait vous faire courir la malhonnêteté policière en vous reprochant iniquement de m'intoxiquer.

J'ai l'impression que vous devriez revoir maintenant cet inspecteur parce que je crois que Dieu est passé par là cette nuit même et que le cœur de cet homme jusqu'ici mauvais s'est retourné.

Et je crois d'ailleurs que vous avez vu vous-même en croyant peut-être rêver toutes les manifestations occultes mais visibles auxquelles a donné lieu cette miraculeuse transformation.

Toutes nos souffrances et toutes nos rancœurs sur terre n'ont qu'un temps les hommes changent parce que Dieu en réalité les mène l'essentiel est de ne jamais se laisser prendre au Mal, parce que les mauvais sentiments que le Démon met en nous sont passagers et illusoires, seuls les vrais et bons sentiments sont durables et réels.

de tout cœur vôtre

ANTONIN NALPAS

Rodez, 13 Août 1943

Il y a une chose qui fait mal à mon cœur c'est que j'ai l'impression que quelque chose s'est brusquement altéré en vous-même dans l'affection que vous avez pour moi et que j'ai beau tourner et retourner dans le fond de ma conscience les actes, les pensées ou les sentiments qui vous concernent je ne trouve absolument rien qui puisse justifier de votre part et contre moi un reproche quelconque ou un grief.

Quand d'autre part vous m'avez fait venir ici vous ne m'aviez jamais pensé malade, et vous aviez même semblé entrer dans mes vues au début de mon séjour. Et un jour vous m'avez fait appeler exprès pour me communiquer « l'Hymne aux Démons » de Ronsard sur lequel vous m'avez demandé de vous écrire mes réflexions et je n'ai pas une minute l'impression que vous ayez cherché à me donner le change à l'époque en me disant que ces réflexions étaient très bien. Car c'est avec votre cœur Monsieur Ferdière que vous m'avez à ce moment parlé.

D'autre part en ce qui concerne les passes à tendances magiques auxquelles vous me reprochez d'avoir l'obsession de me livrer sur celui-ci ou sur celui-là, dans une attitude de Prosélytisme que la Médecine mentale considère en effet comme une maladie, laissez-moi vous rappeler M. Ferdière qu'Antonin Artaud était le Créateur d'une Dramaturgie qu'il n'a pas seulement exposée dans de multiples écrits mais qu'il a encore matérialisée sur la scène dans les mises en scène de quatre pièces qui sont :

> *Les Mystères de l'Amour* de R. Vitrac
> *Le Songe* de Strindberg
> *Partage de Midi* de Paul Claudel
> *Victor ou les enfants au Pouvoir* de R. Vitrac

et les *Cenci*

qu'il avait composés lui-même d'après Shelley et Stendhal —.

Les gestes comme ceux que vous me reprochez ici, que j'ai esquissés sur vous sur un banc dans le jardin de l'Asile il y a quatre mois, que j'ai faits avant-hier sur Voronca et qui me servent moi à prier Dieu, étaient à la Base de la Dramaturgie exposée sur la scène par Antonin Artaud et si c'est une maladie pour moi que de m'y livrer alors Antonin Artaud a toujours été un malade parce que toutes ses mises en scène n'étaient composées que de cela. Et Philippe Soupault qui réclamait dans l'une de ses œuvres un crime gratuit, et Louis Aragon qui arrêté sur les Champs Élysées devant un lampadaire électrique cultivait un état volontaire d'hallucination étaient des fous avec tous les Autres Surréalistes.

Pourquoi M. Ferdière ne voulez-vous pas me faire un peu plus crédit et admettre en votre cœur qu'il y a dans ma vie quelque chose de miraculeux et qui explique mon attitude et mes préoccupations morales beaucoup mieux que toutes les classifications médicales dans lesquelles on peut vouloir les faire entrer.

A côté de la Parole scandée ou psalmodiée les acteurs des

« Cenci » employaient toute une Symbolique corporelle plastique où le Souffle pulmonaire était perpétuellement mêlé à des figures que la tête, les bras et le buste concrétisaient obstinément dans l'air. Vous ne pouvez imaginer M. Ferdière à quel point ma conscience est peinée et scandalisée lorsque je vous vois considérer et traiter comme une maladie des Actes, des Pensées et une Attitude qui sont à la base même de toute Religion et de toute Poésie.

M. Ferdière les démons sont une infirmité de la nature humaine, je veux dire que dans certaines régions de pureté et d'innocence on cesse d'y croire et de les percevoir.

Je n'ai pas du tout pensé aux démons dans les quelques gestes innocents que j'ai faits l'autre jour sur Voronca. J'ai simplement essayé de faire passer une force qui de moi irait à lui.

Parce qu'il m'a dit lui-même « M. Nalpas je voudrais être Poète. J'ai écrit beaucoup de livres mais le Poète est celui qui s'exprime en Paroles de Feu, et qui dans ce qu'il écrit est soulevé lui-même afin de transporter la conscience des gens et je voudrais être Poète de cette façon-là. »

C'est ce qui m'a donné l'idée de lui donner un peu de mon cœur et de mon souffle et je suis tombé de mon haut de voir que vous y aviez vu un syndrome morbide et que vous aviez pensé à me le reprocher.

Chaque fois que vous, vous me parlez de me *guérir* M. Ferdière c'est comme si je recevais un coup de couteau en plein centre de mon cœur et de ma conscience. Parce que *je sais* que je ne suis pas malade et que vous-même m'avez cru en parfaite santé mentale jusqu'au jour où il y a trois mois votre attitude a brusquement changé — je ne sais pas sous l'influence de quoi, et que j'ai alors l'impression de perdre le dernier ami qui me rendait justice et qui me comprenait.

Il y a dans un livre extrêmement savant et pertinent de Marcel Granet intitulé « la Pensée chinoise » un long exposé de la Théorie des *Trigrammes* qui est incompréhensible si l'on s'en tient à la logique ordinaire de la Pensée Européenne

et qui serait considérée comme une Démence par la Médecine de l'occident si elle était exposée par ceux qui l'in-
ventèrent dans un Asile d'Aliénés, parce que l'esprit humain
s'y perd dans un Symbolisme d'une telle transcendance que
la conscience y quitte la physique coutumière des choses et
qu'elle entre dans des perceptions déconcertantes de la
nature de tout Mental.

Les Démons M. Ferdière ne sont que des concrétisations
passagères et périssables du Mental, mais leur loi est de
disparaître quand on les nie et qu'on ne veut pas les voir, et
la Loi véritable des choses est dans cette insondable ébullition occulte dont les philosophes de la Chine ont fixé les
préceptes dans le Monde Profane comme les Pères de
l'Église en ont déterminé les canons dans le Monde de la
Religion.

Nous avions parlé avec vous des Trigrammes chez Robert
Desnos en 1935 M. Ferdière, et vous y aviez trouvé une base
concrète réelle de l'occultisme et de la Magie et je vous avais
averti qu'un jour vous seriez vous-même tenté, sous des
influences étrangères à vous-même, de me trouver malade
mentalement et de me soigner, et vous m'aviez demandé
vous-même de vous faire penser *alors* aux Trigrammes parce
que c'est une Théorie que vous aviez beaucoup aimée et qui
ressemblait étrangement à toutes les idées mystiques qu'Antonin Artaud vous manifestait. Et dont je n'ai fait que prendre
la suite actuellement et en fait quoique pas toujours adroite-
ment. Il ne vous reste plus maintenant que de voir un syndrome morbide condamnable et curable dans le fait que je
prétends être Antonin Nalpas et non Antonin Artaud. Et
on peut alors me reprocher un phénomène de dédoublement
de personnalité qui n'est pas du tout dans ma conscience
car ma présence sur terre est fonction d'un Miracle qui s'est
produit en Août 1939 mais que je ne peux pas vous prouver
puisqu'il faudrait que par magie vous soyez retransporté
dans le Passé et que vous puissiez voir de vos yeux tout ce
qui s'est passé à ce moment-là.

Près de la moitié de « la Jérusalem Délivrée » du Tasse est consacrée à la description des manœuvres occultes à l'aide desquelles les Démons barrèrent pendant longtemps aux Croisés la Route de Jérusalem.

Et le fait que Le Tasse ait fini ses jours dans un Asile d'Aliénés n'a cessé de scandaliser la terre, je ne suis pas Le Tasse mais mes idées sont les idées d'une conscience Religieuse et d'une conscience de Poète et une angoisse épouvantable me tord le cœur M. Ferdière de voir que vous qui êtes venu à moi en ami me les reprochez, alors que les médecins de Ville-Évrard qui étaient de malhonnêtes gens n'ont jamais eu l'idée de m'en faire grief et pour cause puisqu'ils faisaient eux-mêmes partie de mes propres envoûteurs.

Je crois M. Ferdière qu'on a tout fait pour vous détacher de moi par les moyens de la pire vilenie occulte et que n'y parvenant pas on s'est servi de votre honnêteté même qui ne peut pas admettre qu'une telle Perversité soit à la base de toutes choses pour vous faire repousser avec horreur toutes les idées que je vous manifestais sur les actions maléfiques souterraines du Mal tout autour de vous, et vous en avez vous-même tiré à mon sujet l'idée d'un Devoir qui en réalité n'existe pas de cette manière-là.

Votre Devoir comme vous me l'avez dit vous-même ce matin est de me faire rendre la liberté. Mais vous ne pourrez pas y mettre l'énergie exceptionnelle de votre Ame si vous continuez à me penser malade alors que je ne le suis pas.

Arthur Rimbaud est allé en Abyssinie retrouver le Secret de la feuille de Latanier qui remontait au Paradis Terrestre dans la Période Édenique qui s'écoula avant la chute d'Adam et sur laquelle comme sur un Papyrus ou un Parchemin miraculeusement conservé figurait un signe inscrit par Dieu lui-même aux origines du Paradis.

Ce Signe englobait le Secret de toute création possible dans un enchevêtrement linéaire très simple et qu'on ne pouvait pas regarder sans être foudroyé et sans tomber. Arthur Rimbaud a lutté pendant longtemps de Magie avec les Sorciers Abyssins avant d'entrer en possession lui-même de la Feuille de Latanier. Parce que toute Poésie Réelle Dr Ferdière tourne à un moment donné à des Actes de Magie Vraie et que la Magie de Rimbaud en Abyssinie n'est que la suite des « Illuminations », d' « Une saison en Enfer », et la concrétisation des poèmes perdus de « La chasse spirituelle ». Mais qui songerait à accuser Arthur Rimbaud d'aliénation ou de démence, ou d'une psychose quelconque *à cause de cela.*

Vous n'imaginez pas M. Ferdière le bien que vous feriez à mon âme en cessant de me traiter et le poids que ce faisant vous m'enlèveriez du cœur. Car me sentir soupçonné d'une quelconque psychose me désespère d'écrire ou de travailler comme je le faisais auparavant à des réflexions, ou à des Poèmes de Prières.

Je communie ici chaque fois qu'il y a une Messe, ne l'oubliez pas.

— N'avez vous vraiment pas de nouvelles de ma sœur Germaine Nalpas.

ANTONIN NALPAS

P.-S. — Il a fallu une immense Douleur humaine Dr Ferdière pour que l'Ame de tout homme parvienne à comprendre la Vérité, mais trop de douleur quelque part finirait par provoquer une Débâcle au milieu des choses, et les illuminations que cette Douleur donne peuvent à tout instant être suppléées par un simple geste de Pitié.

19 août 1943

J'ai lu ce livre attentivement.
Mais j'ai hâte d'avoir en mains

le travail que vous deviez me confier
Il ne me manque
qu'un travail régulier pour
achever de normaliser ma vie.

ANTONIN NALPAS

Rodez, 17 septembre 1943

Cher docteur et très cher ami,

Comme je vous l'ai dit avant-hier j'ai subi ces derniers temps une secousse terrible mais *salutaire;* et maintenant qu'elle est passée je me sens retrouver la maîtrise de moi : Si ma mémoire a été un moment atteinte, elle me revient mieux qu'avant car bien des poussières et des scories qui engorgeaient mon moi profond sont sorties de ma conscience.

Je m'appelle Antonin Artaud, parce que je suis fils d'Antoine Artaud et d'Euphrasie Artaud, encore vivante alors que mon père est mort à Marseille en septembre 1924.

J'ai été baptisé en Marseille le 8 septembre 1896 à l'église des Chartreux sous le nom d'Antoine, Marie, Joseph Artaud transformé en Antonin Artaud et c'est sous le nom d'Antonin Artaud que j'ai signé tous mes livres :

Correspondance avec Jacques Rivière
    (collection Une œuvre, un Portrait, N.R.F., 1924)
L'Ombilic des Limbes
    (idem, Nouvelle Revue Française, 1925)
Le Moine, traduit et adapté d'après Lewis
    (Éditions Denoël et Steele, 1930)
Héliogabale ou l'Anarchiste couronné
    (Éditions Denoël et Steele, 1934)

Le Théâtre et son Double
  (Éditions de la Nouvelle Revue Française, Gaston
  Gallimard)
Je suis né le 4 septembre 1896, à Marseille 4 rue du Jardin-des-Plantes[1].

Quant au nom de Nalpas, c'est comme je vous l'ai dit, le nom de jeune fille de ma mère, qui était fille de Louis et de Mariette Nalpas, et qui est née (ma mère) à Smyrne le 13 décembre 1870. Mais ce n'est pas pour cela que j'en ai parlé, et *je m'étonne grandement de l'avoir fait.*

Car ce nom a d'autre part des origines Légendaires, Mystiques et sacrées qui auraient exigé qu'il fût laissé dans l'ombre du point de vue où il en a été question ici.

Vous connaissez dans le Midi un endroit non loin des bouches du Rhône et qui s'appelle LES SAINTES-MARIES-DE-LA-MER. Les Saintes Maries étaient QUATRE :

Marie-Bethsabée, Marie-Galba, Marie l'Égyptienne et la Sainte Vierge Marie Mère de Jésus-Christ. Et qu'elles ont abordé là en bateau après le Supplice du Golgotha.

Or la Légende dit et cela m'a été assuré par divers occultistes réputés à Paris que le nom civil et social de l'une d'entre elles était Nalpas, Marie Nalpas.

Mais c'est tout. Et je ne sais ce qui m'a pris ici d'avoir l'idée de rappeler ce nom que j'ai au contraire toutes les raisons de respecter et de ne pas prononcer DE CE POINT DE VUE, car d'autre part c'est un nom actuellement très répandu, ma mère ayant eu 6 frères et ceux-ci une cinquantaine d'enfants et petits-enfants, etc. etc.

Je vous communique ci-inclus une lettre d'un de mes cousins Richard Nalpas pour vous rassurer de ce côté-là.

Quant à la Canne qui fut celle de Saint Patrick Patron de l'Irlande et avant Lui la canne même de Jésus-Christ parce qu'elle fut plantée, modelée, façonnée et confectionnée par Jésus-Christ, je ne l'ai eue en mains que quelques mois de mai à septembre 1937 juste le temps de la faire revenir aux Irlandais à qui elle avait été volée à la fin du XIXe siècle.

Sa vue a soulevé les foules vous le savez, mais elle a surexcité la haine de la Police française et de la Police anglaise, vous connaissez le reste.

Tout cela Dr Ferdière est bien loin, oublié en partie, parce qu'un grand nombre d'acteurs de cet effroyable drame de la canne sont morts et vous savez que ne parvenant ni à me faire empoisonner ni à me faire assassiner (cela ce sont des faits indéniables Dr Ferdière et dont vous aurez des preuves et des témoignages si ce n'est déjà fait) ils ont cherché à jeter le discrédit sur ma conscience et m'ont fait maintenir *interné* depuis maintenant six ans.

Mais où sont-ils maintenant eux-mêmes. Quant à la Canne elle est dans les mains des Irlandais, et moi je ne suis plus qu'un écrivain qui se remettra certainement à écrire dès qu'il se sentira un peu plus heureux, *ce qui lui revient ici de jour en jour et depuis quelques jours.*

Une seule et dernière petite chose me manque pour achever d'entrer en possession totale du bonheur.

C'est 1° une occupation, une attribution, une fonction, quelque chose ici qui me donne la sensation d'être utile, de servir à quelque chose, d'être ancré sur quelque chose, vous trouverez certainement un travail à me donner ici et qui m'occupera quelques heures par jour
                    correspondant à mes capacités.

2° Encore un petit peu plus de nourriture si ce n'était pas trop vous demander. Vous m'avez déjà fait donner de la purée et de la confiture et vous savez que le corps humain sait et sent ce qui lui manque, ces 2 éléments me font un bien inouï et bouchent des trous, mais si vous pouviez me faire donner encore un peu de riz sucré ou de semoule cela achèverait de m'enlever le besoin urgent de ce qui me manque et mes forces achèveraient immédiatement de me revenir.

J'ai fait demander à ma famille un peu de beurre et de chocolat avec du pain et des galettes en attendant que ma mère ait retrouvé la santé, ou que ce soit moi enfin qui m'occupe d'elle le jour heureux où la liberté m'aura enfin été rendue.

Excusez-moi de vous avoir de nouveau importuné et croyez en l'expression de tout mon dévouement.

Je ferai ici le travail que vous me donnerez.

Dans cette attente recevez le témoignage de mes sentiments les plus sincères et les plus empressés.

Antonin Artaud.

Avez-vous une autre adresse de ma mère que celle de Pension Florida

11 rue Pierre-Guérin

Je sais qu'elle a déménagé à Chaville mais je ne connais pas sa dernière adresse. Elle vous l'a certainement donnée.

Rodez, 20 septembre 1943

Cher Docteur et ami,

J'ai pensé à une chose qui pourrait beaucoup vous aider et aider Robert Desnos dans vos efforts auprès du gouvernement pour obtenir ma libération. C'est que j'ai à un moment donné personnellement et intimement connu Pierre Laval au moment où je faisais de la littérature et du théâtre. Et que notamment en mai 1935 il était venu assister à une représentation de ma pièce : Les Cenci donnée au Théâtre des Folies-Wagram pendant les vingt premiers jours de mai.

Il était venu me voir dans ma loge avant la représentation pour me demander une place pour lui et une pour sa fille.

Je ne l'ai plus guère revu depuis mais il n'est pas possible qu'il n'ait pas eu connaissance de mon odyssée et certainement si vous lui écriviez vous-même pour lui signaler où je suis et lui exposer ma situation il ferait certainement quelque chose pour moi et donnerait des ordres pour que je sois rendu à la liberté.

Depuis six ans que mon internement dure je n'ai jamais pensé à m'adresser à lui mais je n'avais jamais eu jusqu'ici en face de moi un médecin directeur qui s'intéressât à mon sort, et fût capable d'agir auprès du Gouvernement pour proposer, demander et obtenir ma libération.

Vous avez certainement un moyen de faire parvenir une communication à Pierre Laval lui-même, surtout pour lui signaler la situation dans laquelle depuis six ans se trouve l'un de ses amis et que cet ami est en ce moment auprès de vous.

Et pour lui donner votre opinion de médecin sur moi.

Je lui écris d'ailleurs une lettre pour lui rappeler nos anciens rapports.

Vous la trouverez ci-incluse et jugerez de l'urgence qu'il y a à l'envoyer.

Je crois en tout cas qu'il ne faut pas trop tarder à s'adresser à lui.

Vous verrez ce que vous pourrez faire dans ce sens.

Croyez cher Monsieur Ferdière en mes sentiments les plus dévoués.

ANTONIN ARTAUD

[Rodez, entre le 17 et le 25 septembre 1943][1]

Je crois qu'il serait excellent pour moi de me mettre à un travail précis et objectif. Voudriez-vous me faire communiquer le livre de Lewis Carroll : « the looking-glass ». Je ferai cette traduction pour Delanglade et je la ferai dans l'esprit dans lequel je vous ai traduit le petit poème de

« Phantasmagorie » thema con variazioni, en demeurant très près du texte, mais en m'efforçant de retrouver en français la vie originale de son esprit.

ANTONIN ARTAUD

Rodez, 25 septembre 1943

Mon très cher ami,

Il y a une coïncidence curieuse que je ne peux m'empêcher de vous signaler, c'est que le matin même du jour où M. Delanglade m'a apporté à traduire ce chapitre de « Gros Courtaud » j'ai pensé à me remettre à écrire, ce que je n'avais pas fait depuis six ans.

Or M. Delanglade m'a apporté le livre de Lewis Carroll à trois heures de l'après-midi, et il ne m'avait la veille absolument rien dit de quoi il s'agissait.

Or voici les quelques phrases que j'ai écrites le matin du jour où « Through the Looking-Glass » m'a été apporté :

« Je suis un ignorant. Je me suis cru longtemps sûr du sens des mots, je me suis cru aussi jusqu'à un certain point leur maître. Mais maintenant que je les ai quelque peu *expérimentés,* il m'échappe.

« Pourquoi?

« Les mots valaient ce que je leur faisais dire, c'est-à-dire ce que je mettais dedans.

« Mais je n'ai jamais pu savoir au juste jusqu'à quel point j'avais raison.

« Lorsque je pensais à un arbre, et que je prononçais le mot *arbre,* je sais que je ne commettais pas d'erreur, car le mot *arbre* désigne quelque chose d'absolument objectif, une réalité matérielle intégrale et dûment caractérisée.

« Mais je ne sais pas où va mon esprit et ce que vaut ce qu'il me donne lorsque je pense à l'*Infini*.

« Qui pourrait jamais véritablement croire que pour le Mathématicien le mot INFINI ait un sens. + l'Infini, — l'Infini, dit-on sans cesse en mathématiques, *mais...* etc. etc.

Je ne suis guère allé plus loin dans cette tentative d'explicitation verbale. Mais j'ai été extrêmement frappé lorsque vous-même, M. Ferdière, m'avez signalé que le passage concernant l'invention verbale pure et où donc se pose encore une fois le problème toujours pendant des origines du langage était celui qui vous tenait le plus à cœur.

« — La question est de savoir, dit Alice, si vous avez le pouvoir de faire que les mots aient tant de sens différents.

— La question est de savoir qui est le Maître, dit Gros Courtauld — et rien de plus! »

J'ai pensé encore à quelques autres expressions pour traduire Humpty Dumpty[1], mais tout le passage concernant les mots porte-manteau me paraît d'une *actualité* stupéfiante. Et je comprends que l'idée vous soit venue de remettre le livre de Lewis Carroll en vogue. Cela certes est du pur humour! le rapport entre sa poésie intrinsèque et le désordre la cacophonie incroyable qui sont au fond des événements que nous vivons. J'espère avoir achevé ce travail vers le milieu de la semaine prochaine. Dans cette attente, croyez, mon très cher ami, en mes sentiments les plus sincèrement dévoués.

ANTONIN ARTAUD

Si vous pouvez demain dimanche me consacrer cinq minutes j'ai deux ou trois petites choses à vous demander qui faciliteront beaucoup mon travail.

[Rodez, fin septembre 1943][1]

Dodu Mafflu sur un mur installé
Dodu Mafflu de ce mur est tombé
D'une hauteur extraordinaire.
Et tous les Cavaliers du Roi et tous ses hommes
Ne pourraient plus jamais l'enlever de la terre
Pour le remettre sur son Trône
Même en s'y mettant tous avec toutes ses Armées

Voici le petit poème d'Alice.

Quant à « Jabberwocky » je crois qu'il faut décidément s'en tenir à un seul mot pour ce titre et supprimer tout le passage intercalé. Tout cela ne s'impose pas assez ou alors il faudrait écrire une autre histoire. Cet ajout sort un peu trop de l'esprit de Lewis Carroll.

Je vous remercie de m'avoir prêté le livre d'André Breton. Je connaissais déjà tous ces textes mais je ne les ai pas relus sans émotion. La poésie d'André Breton est dans le domaine profane celle qui me rappelle le plus toutes les élévations à Dieu qui constellent les textes des Grands Mystiques.

Ex : « L'enfant que je demeure par rapport à ce que je souhaiterais être n'a pas tout à fait désappris le dualisme du bien[2] et du mal. »

ou : « L'égoïsme odieux s'emmure en toute hâte dans une tour sans fenêtres. L'attraction est rompue, la beauté même du visage aimé se dérobe, un vent de cendres emporte tout, la poursuite de la vie est compromise. »

Par contre certaines phrases me révoltent maintenant. Et je ne crois plus qu'André Breton les pense réellement. Car je me souviens moi aussi avoir eu des idées similaires. Mais je sais parfaitement comment je les ai eues et que ce qu'elles avaient de blasphématoire, d'athée et même jusqu'à un certain point de sacrilège, n'allait pas en moi sans de terribles arrière-pensées et une réserve fondamentale. J'écrivais le blasphème en pensant que je ne le faisais que jusqu'au jour où je serai éclairé dans mon désespoir de vivre et de souffrir dans un monde si horriblement laid.

« Qu'on ne me parle plus jamais de Dieu »

dit à la fin des « Cenci » le personnage de la fille de Cenci à bout d'horreurs!

Mais voici la phrase d'André Breton :

« Le problème du mal ne vaut d'être soulevé que tant qu'on n'en sera pas quitte avec l'idée de la transcendance d'un bien quelconque qui pourrait dicter à l'homme des devoirs. Jusque-là la représentation exaltée du « mal inné » inné [1] gardera la plus grande valeur révolutionnaire. »

L'attitude d'André Breton dans le monde de la réalité est celle qui m'a toujours paru correspondre le plus avec l'action de Saint Gabriel, l'Archange dans toute l'étendue de la transcendance céleste et j'ai souvent pensé à Gabriel, l'Archange en voyant le visage de Breton s'allumer dans toutes les manifestations surréalistes de 1924 à 1937. Il reviendra lui aussi à Dieu.

A vous de tout cœur

ANTONIN ARTAUD

Rodez 18 octobre 1943 [2]

Très cher docteur et ami

J'ai beaucoup fait de photographies Surréalistes dans le temps. J'en ai fait avec Elie Lotar. Et même dans un studio avec de la lumière électrique et tous les éléments nécessaires il faut des heures de préparation pour arriver à tirer une figure poétique parlante surtout d'un assemblage d'objets inanimés. Et dans le cas présent cette idée d'habiller une canne avec des feuilles de choux présente dans son exécution de nombreux obstacles techniques; et puis il y a dans ce poème quelque chose qui me chiffonne : c'est tout ce qu'il cache d'érotisme sous-conscient et qu'il est de notre devoir à tous de détruire au lieu d'y prêter la main. Et pour rien au monde je ne voudrais que cet érotisme n'apparaisse dans une photographie. La conscience de l'enfant au vrai ignore la sexualité, quand il la perçoit c'est qu'on la lui insinue par des images, le mauvais exemple, ou par des propos. Et nous encourrons une responsabilité grave en mettant la conscience de l'enfant sur ce chemin-là. Beaucoup de chansons destinées aux enfants sont basées ainsi sur des mythes érotiques plus ou moins dissimulés et notre devoir quand nous en ren-controns un est de le détruire au lieu de l'accuser, car au vrai la perception érotique des choses n'est à son tour qu'un revêtement de surface, et quand on les creuse un peu plus loin, leur fondement sexuel disparaît car la sexualité n'a été qu'un accident malheureux dans la nature, et il est venu en grande partie de ce dieu de ténèbres qui est roi et maître dans notre inconscient à tous et qu'on appelle le Hasard, mais qui n'est pas si innocent ni si irresponsable que tout un chacun le croit. Ce que je vous dis là Dr Ferdière est tout au long dans la « *Kabbale* ». Car si je connais mal la Psychanalyse de Freud, ou celle de Jung, en revanche j'ai étudié de très près la Kabbale dans le « Zohar » ou le « Sepher Ietzirah » et à leur lumière comme à celle de quelques écrivains chré-tiens des premiers siècles j'y ai trouvé une explication des choses qui m'a intégralement satisfait. Car comme vous je me suis posé bien des questions sur la nature de tout ce qui est et j'ai toujours trouvé le monde bien immoral et bien injuste, et surtout bien scandaleux. Vous savez que bien des œuvres signées de mon nom sont hélas couvertes de blasphèmes, mais je vous l'ai déjà dit : derrière chaque blasphème il y avait une réserve, car il m'a toujours paru impossible que

Dieu soit la cause du monde que nous voyons. J'ai toujours senti qu'il y avait derrière tout cela un Mystère et il m'a fallu 20 ans de méditations, de souffrances et d'épreuves pour parvenir à comprendre ce Mystère, et à me faire une idée des choses telles qu'elles se présentent en réalité.

Quand je l'ai compris j'en suis revenu à la Religion de mes pères, tout simplement. Et depuis, comme je le fais ici depuis deux mois, que je communie trois fois par semaine, toute pensée érotique m'a quitté, et ma conscience a trouvé la paix.

La « Kabbale » Dr Ferdière m'a appris bien des choses sur les origines du Mal et sur les antécédents de la Réalité. Et toutes ces choses ont été dites par le christ, dans son bref passage sur la terre, elles ont été dites par Lui en propres termes et avec quelques précisions terriblement lumineuses en plus. Mais ce que Jésus-Christ a dit sur tous ces points ne figure plus dans les textes des Évangiles tels que nous les connaissons, parce que les Vérités que Jésus-Christ a énoncées à ce sujet si elles ont enthousiasmé la conscience humaine le jour du Dimanche [des] Rameaux, elle ne les a plus admises cinq jours après, et c'est pourquoi le Vendredi-Saint Jésus-Christ a été crucifié. Parce que dans cet intervalle de cinq jours toutes les mauvaises puissances qui désespèrent notre cœur, tout ce qui fait que la vie est si laide, et qu'elle se présente à nous dans son ensemble comme un réceptacle de crime, d'immoralité, de scandale, d'égoïsme et de folie et de tuerie, toutes ces mauvaises influences ont changé la conscience humaine et qu'elle n'a plus admis la vérité de Dieu. Cette Vérité a pourtant été recueillie tout au long dans le texte vrai des Évangiles tel que le connaissaient les premiers chrétiens. Et c'est pourquoi dans les deux ou trois siècles qui ont suivi la mort du Christ cette Vérité prêchée par les premiers Apôtres et leurs successeurs immédiats a gagné tous les cœurs humains. Et c'est à ce moment-là que les conversions ont été innombrables et que le christianisme s'est formé. Depuis et à mesure qu'elle s'est éloignée de l'Enseignement de l'Église l'idée chrétienne a baissé dans les cœurs humains. Dans l'Évangile vrai du christ et dans le « Zohar » qui dans son texte originel contient la Parole même du Père, on trouve une description du monde tel qu'avant la chute d'Adam et on comprend d'où vient le Mal, la souffrance, l'injustice et l'iniquité et que ce n'est pas du tout, mais absolument pas la faute de Dieu mais celle de l'homme. Et que l'homme n'est devenu misérable et repoussé que dans la mesure où il a trahi la conception originale et angélique des choses, et où il a adopté la sexualité. Jésus-Christ n'a pas dit : « Croissez et multipliez. » Il a dit : « Croissez et multipliez commes les Anges. Alors seulement vous atteindrez un Nombre capable d'agir sur le cœur de Dieu. »

— Chaque fois qu'un acte sexuel se commet il y a quelque chose de taré dans l'existence universelle.

Parce que l'inconscient universel est commun et il y a une inter-réaction indiscutable de tous les actes humains. L'érotisme est une opération de ténèbres et en la commettant nous faisons monter les ténèbres dans la lumière de la Vie.

Dr Ferdière pour retrouver un peu d'Amour autour de moi ici-bas il m'a fallu venir à Rodez. J'ai terriblement souffert de la méchanceté humaine dans tous les asiles où je suis passé de 1937 à 1943. Ici seulement j'ai trouvé des amis qui m'ont ouvert leur cœur.

Il n'y a pas un employé de cet Asile qui n'ait pour moi un sourire ou une parole affectueuse quand il me rencontre, ou qui ne soit prêt à me rendre un service avec tout son dévouement. Et on a besoin de cela pour vivre Dr Ferdière, l'âme s'étiole dans l'atmosphère de l'indifférence, de l'égoïsme ou de l'inimitié.

Vous êtes vous un grand esprit et un grand cœur et je sais que vous êtes allé vous aussi au fond des choses et que vous avez perçu la Vérité. Cette vérité est que le Principe Universel d'Infini qui est Dieu et qui est un Être, est très pur, très chaste et très bon et qu'il ne peut pas nous aider à vivre si nous le trahissons sur quelque point que ce soit.

La chanson de Roudoudou est innocente en apparence, mais dans le fond elle ne l'est pas du tout. Je crois comprendre assez bien ce qu'elle veut dire et ce qu'elle désigne. Et je sais aussi ataviquement d'où elle vient. Je vois assez bien l'idée d'onanisme primitif qui se cache sous ces paroles comme l'idée de la procréation sexuelle est désignée dans la chanson :

> Un antique et fort vieil adage
> qui nous vient de je ne sais où
> et qui veut que depuis les âges
> les enfants naissent sous les choux.

On apprend dans la tradition occulte que le chou est la forme que prend le néant pour se manifester à la conscience humaine. Cela je ne l'invente pas mais je l'ai lu dans des livres d'occultisme et de magie. Or d'après ces livres il paraîtrait que Satan : le hasard issu de l'inexistant, se serait servi de cette forme pour composer l'organe sexuel féminin, etc., etc.

Eh bien, Dʳ Ferdière, notre devoir à nous qui ne voulons pas du Mal est d'aller plus loin que tous ces Mythes pénibles et malfaisants. Car plus loin et au-delà de toutes ces images libidineuses néfastes, rabaissantes et déprimantes les livres ésotériques nous apprennent que la Canne est la Volonté de Dieu, et que la femme qu'il a évoquée devant Lui c'est la Nature, avant toute chose.

Quant aux feuilles de chou, elles représentent le Néant, c'est-à-dire Rien du tout, puisque c'est avec Rien du tout que Dieu a tout fait. Mais ce Rien du tout il y a mis des chiffres et des Nombres 3 — 7 avec 10 — et jusqu'à 12 le chiffre de la maturité dans les formes et il a jeté au milieu le signe de la croix.

J'ai pensé à tout cela en composant cette photographie. Malheureusement les objets ne s'y prêtaient guère et je ne suis pas satisfait du tout de ce travail. Mais je ne vois pas le moyen de faire mieux avec ces objets.

Je vais maintenant vous faire une dernière prière. Que rien de ce qui figurera dans ce n° de « Méridien » sur l'Humour ne cesse à aucun moment d'être *édifiant,* qu'on n'y trouve rien de blasphématoire ou qui frise le blasphème, ou qui au point de vue de l'érotisme ou de la sexualité risquerait d'entraîner la conscience dans le goût de ces choses, ou qui montrerait que celui qui a écrit, photographié, peint ou dessiné les a choisies dans sa volonté ou dans son cœur, car cela en *conscience* m'interdirait d'y collaborer.

Je vous dis tout cela Dr Ferdière, parce que je sais que vous ne pouvez pas le vouloir.

Parce que vous savez trop combien l'érotisme est à l'origine de beaucoup de maladies mentales et parce que votre cœur, qui voit plus loin que ce symbolisme accidentel et de passage, veut que le cœur de l'enfant soit pur et ne sombre pas dans le péché; et je me souviens d'avoir lu de vous dans une revue un texte qui m'avait fait du bien, car par delà la chose sexuelle, vous aviez su montrer l'idée poétique surélevée et chaste qui est à la base des plus grands mythes, et que par votre texte vous aviez réussi à détruire l'idée sexuelle qui tentait de s'y raccrocher.

Et dans le texte que vous allez écrire sur cette chanson je sais que c'est ce que vous ferez à nouveau, parce que c'est ce dont les hommes ont le plus besoin.

A vous avec ma très profonde affection.

Antonin Artaud

Rodez, 24 octobre 1943

J'aurais voulu depuis longtemps avoir une conversation avec vous pour être éclairé sur certaines choses et afin de faire moi-même un effort de victoire sur mon propre inconscient car ce à quoi je tiens par-dessus tout c'est d'éviter un nouveau traitement. Je me rappelle une conversation que nous avons eue vous et moi au début de septembre dernier et où nous avons parlé de certains problèmes et notamment du problème de Dieu et où vous m'aviez dit que pour vous vous aviez obtenu dans mon cas le résultat cherché, et que vous n'estimiez plus une nouvelle intervention médicale nécessaire. Vous pensiez qu'on ne pouvait pas aller plus loin dans l'expulsion de certains « affects ». Je me souviens qu'il est arrivé un accident qui a provoqué en moi des effets terribles pendant la dernière cure d'électro-choc. Je voudrais vous demander de faire confiance en ma bonne volonté pour dominer encore certaines exagérations. Car je pense que ce qui vous a inquiété à mon sujet ce sont les idées d'une part contenues dans le texte que je destinais à *Poésie 43* mais surtout leur revêtement et les images-émotions par lesquelles je les exprimais.

Les idées sont celles de l'ésotérisme chrétien et il y a des milliers d'hommes au monde qui se les transmettent en ce moment. Quant à la violence de certaines images ou de certains tableaux faites-moi confiance pour mettre cela au point et pour chasser de ma conscience ce qu'il y reste de grossier, de trop vif, de maladroitement audacieux et qui semble revêtir la forme d'une obsession mais qui en réalité n'en est pas une, croyez-moi. Ce traitement d'électro-choc m'a fait terriblement souffrir, et je vous prie de m'éviter une nouvelle douleur.

Je mérite que vous fassiez plus de crédit à ma volonté et je voudrais beaucoup qu'avant de prendre une détermination définitive à mon sujet nous parlions de toutes ces choses ensemble.

A vous fidèlement,

ANTONIN ARTAUD

Rodez, 11 décembre 1943

Très cher docteur et ami,

J'ai écrit à Jean Paulhan de m'envoyer un exemplaire du n° d'août 1937 de la N.R.F. contenant le *Voyage au Pays des Tarahumaras* afin de me remettre dans le ton et de pouvoir ainsi faire le raccord, car le reste du manuscrit de mon *Voyage au Mexique* a été perdu. D'ailleurs le *Voyage au Pays des Tarahumaras* est complet tel qu'il a paru dans la N.R.F. Le texte complémentaire dont Henri Parisot vous a parlé appartient en réalité au reste de ce *Voyage au Mexique* qui constituait un manuscrit de près de deux cents pages écrit à Paris entre le mois de Novembre 1936, date de mon retour du Mexique et le mois d'Août 1937, date de mon départ pour l'Irlande. Vous savez que j'ai été jeté en prison à Dublin, que j'y ai passé 6 jours, que j'ai été ensuite déporté en France, interné au Havre sans explication à mon arrivée sur le sol français et sans avoir été examiné par aucun médecin, transféré du Havre à Rouen, de Rouen à Sainte-Anne, de Sainte-Anne à Ville-Évrard, de Ville-Évrard à Chezal-Benoît, et enfin de Chezal-Benoît je suis venu ici. J'avais toutes mes affaires avec moi et je ne sais pas où elles ont disparu parce que la dernière fois où je les ai revues c'est à la *sortie* de la prison de Dublin où le gouverneur de Soto me les a remises lui-même en mains.

Pour récrire ce *Voyage au Mexique* et pour l'achever complètement il me faudrait maintenant près d'une année. Car le manuscrit de 200 pages écrit à Paris entre Novembre 1936 et Juin 1937 [1] avait encore besoin d'une cinquantaine de pages pour atteindre son volume définitif. Et il y a une chose que vous sentez aussi bien que moi, M. Ferdière, puisque vous avez fait toujours tout ce que vous avez pu pour adoucir ma captivité : c'est que pour écrire il faut être libre. Ce que j'ai perdu ne l'a pas été pour tout le monde mais je veux ajouter quelques pages à ce *Voyage au Pays des Tarahumaras,* car les prêtres indiens du Soleil qui exercent le Rite du *Tutuguri* m'ont donné sur leur sacerdoce un certain nombre d'explications dont je n'ai pas parlé dans le texte paru dans la N.R.F. et que je veux écrire.

« La terre tourne, disent-ils, mais le soleil marche et l'en-
« traîne. Et eux prêtres du *Tutuguri* sont les Rayons de ce
« Soleil qui viennent frapper la terre à chaque aurore pour
« lui commander de se retourner et d'avancer. Et il faut les
« voir sauter et se répandre aux quatre coins de l'espace à
« l'instant précis où le soleil émerge et se précipiter ensuite
« sur la terre en concordance avec ses rayons. Car, prêtres de
« la conscience indienne, ils ont la responsabilité de ces
« rayons et c'est à eux à creuser leur place dans les ténèbres
« de l'étendue. Ils savent disent-ils par tradition et par ins-
« tinct *où* le Soleil doit passer pour que l'âme humaine soit
« heureuse et c'est Lui qui un jour l'a dit à leurs pères avant
« que l'homme ne soit né. »

Je leur ai alors demandé ce qu'étaient leurs Pères à ce moment-là, puisque l'homme n'était pas fait.

« Nos Pères, me répondirent-ils, étaient ses Rayons les
« plus proches, non pas créés mais générés. Les syllabes pre-
« mières de la Parole de Dieu. Et le Soleil est cette Parole,
« son Verbe enfin. »

Or le Verbe de Dieu c'est Jésus-Christ pour les Chrétiens son Fils. On présenta alors à ces prêtres indiens une reproduction du Voile de Sainte Véronique contenant une empreinte de la Figure de Jésus-Christ. Ils se rapprochèrent avec respect pour la regarder et la contemplèrent longuement, puis ils se rassemblèrent et se mirent à se concerter avec une extraordinaire animation. Je ne pouvais pas entendre leur langage, mais je les vis trembler et s'agenouiller et ils firent avec leur bras droit un signe qui n'était pas autre chose que le Signe même de la Croix. D'ailleurs vous devez vous souvenir que l'espace circulaire réservé au Rite du *Tutuguri* est du côté de l'orient borné par six croix de bois.

Ils se relevèrent enfin et vinrent me dire que la Figure qui était reproduite sur le Voile de Sainte Véronique était incontestablement celle de l'Esprit qui leur commandait c'est-à-dire celle de Jésus-Christ.

Cette révélation avait donné à l'époque une grande joie à Henri Goiran, Ministre de France au Mexique lorsque je la lui ai communiquée à mon retour à Mexico.

C'est après cela que j'ai pu assister à toutes les autres danses Tarahumaras et notamment à la Danse du Peyotl appelée le *Ciguri,* car les prêtres du *Tutuguri* passèrent par signes les ordres nécessaires à tous les leurs.

Et ils me donnèrent sur les commandements de cet Esprit les précisions les plus déconcertantes, et ils dessinèrent pour me les faire comprendre sur le sol avec des bâtons des signes que l'on retrouve sur toutes les pyramides du Mexique, et j'en reconnus deux ou trois pour les avoir vus sur la Pyramide de Tenayuca ou Pyramide des Serpents qui est aux portes même de Mexico.

Voilà ce que je voudrais ajouter à mon *Voyage au Pays des Tarahumaras.*

Croyez mon très cher ami à toute ma reconnaissance pour la sympathie dont vous ne cessez de me soutenir dans mes travaux.

De tout cœur vôtre

ANTONIN ARTAUD

Rodez, 31 décembre 1943

Très cher ami,

Je sais maintenant ce qui vous a tellement déplu dans les « Nouvelles Révélations de l'Être ».

Il y a dans ce petit livre un ton Luciférien qui m'a fait maintenant peur. Tous ceux qui sont du côté de Dieu sont effacés et humbles, et ce livre sue un égotisme fou. Son personnalisme me fait horreur. Et je crois bien que c'est cet esprit d'orgueil et cet égocentrisme qui a été précipité par Saint Michel dans les Enfers.

D'autre part chaque fois que les idées d'un homme tentent de s'élever vers la transcendance occulte et qu'elles le font en dehors des préceptes de Jésus-Christ et de sa Règle elles sombrent toujours inévitablement dans le fétichisme et la magie. Et ce petit livre en est plein. Et là est le malheur. Certes après les épreuves, les vulgarités, les turpitudes et les déceptions de cette terre un Chrétien a le droit d'aspirer à d'autres Régions. Mais il y a dans les écrits de tous ceux qui pensent sous l'égide de Jésus-Christ et dans le sein de son Église un esprit de parenté et de famille qui les rassemble tous sur le même point quelles que soient les hauteurs auxquelles ils aient aspiré. Et ce point c'est la Piété, l'esprit de sacrifice, le détachement qui rendent toute action et toute pensée *saintes*. Le Prêtre qui fait descendre Dieu dans l'Hostie au moment de l'Élévation, à la Messe n'est pas magicien : il est Prêtre. Et Dieu descend Réellement dans cette Hostie. Et le Prêtre s'abîme en Lui. Ainsi cette opération est bonne, parce qu'à ce moment-là il n'y a plus que Dieu, l'Infini, de Présent.

Mais le magicien qui veut arracher une vertu aux choses ne pense qu'à se mettre lui d'abord en avant et à tirer un

profit *personnel* de ses œuvres ainsi c'est le fini qu'il appelle
et le Mal et la magie qui est ce avec quoi il opère est en réalité tout ce qui a *quitté* l'Infini, Dieu. C'est pour cela que son
œuvre est perdue et que toute magie sur terre a été condamnée par Jésus-Christ.

J'ai écrit à Paris pour faire arrêter immédiatement la mise
en vente et la diffusion de ce petit livre.

A vous avec toute ma véritable amitié.

ANTONIN ARTAUD

P.-S. — Il ne faut garder dans votre bibliothèque ni
« Héliogabale » ni « les Nouvelles Révélations de l'Être ».
Ce sont de mauvais livres et des livres dangereux, même si
vous ne croyez plus au *Péché :* et j'y crois!

Rodez, 5 février 1944 [1]

Très cher ami,

Je suis très heureux que mes dessins vous aient plu, parce
qu'il y avait plus de vingt ans que je n'avais pas dessiné et je
ne m'étais jamais essayé dans le dessin d'imagination et il
y a à peine quinze jours je ne me croyais pas capable d'exprimer mes idées par ce moyen-là. Et c'est à l'instigation
pressante de F. Delanglade qui est un véritable et un *très
profond* ami que je m'y suis essayé.

Je vous ferai une gouache puisque vous aimez ce moyen
d'expression. Si j'ai gardé un instant le silence quand vous
m'en avez parlé ce n'est pas du tout que je ne voulais pas
vous donner satisfaction, au contraire. C'est que n'ayant pas
touché un pinceau depuis des années je me suis demandé
simplement si je pourrai arriver à réussir quelque chose qui

vous séduise assez. Mais je vous l'ai dit et écrit plusieurs fois :
je sais qu'avec de la Volonté on arrive à tout; et je ferai cet
effort pour vous, puisque vous croyez en moi.

A force de claustration, de solitude, d'isolement j'avais
fini par m'engourdir et je ne me lasserai jamais de vous
redire le bien inouï que vous et F. Delanglade m'avez fait en
me manifestant votre foi et votre amour pour mes écrits et
mes travaux.

Vous ne m'avez pas seulement aidé à vivre vous m'avez
invité à vivre alors que je m'étiolais.

Il faut en effet aller, venir, sortir, voir des gens et des choses.
Il n'est pas bon de demeurer perpétuellement en face de soi,
dans le mental ainsi que je le faisais depuis six ans parce que
je n'avais plus d'amis autour de moi. C'est une idée excel-
lente qu'a eue F. Delanglade de me faire sortir deux fois avec
lui dans Rodez. Au point où j'en suis maintenant ce qui me
fera le plus de bien c'est de reprendre contact avec les choses
que l'internement m'avait fait oublier. A force d'être enfermé
on finit par s'imaginer que le monde extérieur n'existe pas.
Et la conscience s'en ressent. Elle finit par perdre le sens du
concret, de l'objectif, et par conséquent du vrai, et elle est
menacée de s'attarder inconsidérément sur de fausses images,
de fausses impressions. Et d'y croire avec le temps. Car les
fausses croyances, ne sont en nous que l'agrandissement
démesuré et la déformation de sentiments et de perceptions
justes qui ont pris une valeur disproportionnée, parce que la
conscience s'y est abusivement attardée.

C'est l'internement et les mauvais traitements que j'ai
subis au début qui m'avaient mis dans cet état de bête tra-
quée dans lequel je me trouvais quand je suis arrivé ici. Et
l'idée de mon Retour à la Vie sera toujours liée avec celle
du Bien que vous m'avez fait.

ANTONIN ARTAUD

[Rodez, après le 5 février 1944] [1]

J'ai fait un rêve bizarre la nuit dernière. J'étais devant une table noire et je vous ai vu entrer comme dans une espèce de sérosité sous-marine, comme l'ombre d'un cœur pour moi perdu dont on a repoussé le cœur hors du moral et dans les limbes de je ne sais quelle virtualité de plus loin que tout ce que l'on peut voir ou percevoir, afin de se servir de ce cœur et de son être dans un autre but et pour d'autres actes que ceux qu'il a lui-même *pensés*. L'homme qui était devant moi et me parlait sur votre figure morte et par elle me menaçait, parce qu'il avait anéanti le problème de la perte antique et de mon cœur et du vôtre et ne vivait que pour l'avoir mangé. Il me disait : je vous ai préparé... et j'eus sur mon cœur la perception d'un étrange mélange où des sérosités, des calcaires, du naphte, des solfatares, de la cire, de la poudre de marbre et de ciment immaculé intervenaient mais distillés par d'épouvantables courants. Et je vis à ce moment-là comme s'effondrer une fleur morte, la fleur d'un cœur évanoui d'avant le temps et l'entrée de cet homme et qui à travers lui dans l'impensé faisait écho et me disait : ce n'est pas cela que je vous ai préparé. J'ai eu une autre idée avant d'entrer au monde, mais elle est sous la tombe des trombes qui forment l'être au-dessus de moi.

Je vis et vous vivez, M. Ferdière, dans l'angoisse de je ne sais quel au-delà qui se concrétise en dictames comme déclamés dans nos rêves mais nous suffoque dans le réel immanent. Mais le monde ne comprend pas cela. Nous ne sommes entourés que d'idiots, de profiteurs et de lâches qui n'ont jamais voulu entendre leur cœur, et ceux qui comme vous ont un cœur, comme vous et moi ont un cœur, se le voient à tout instant glisser dans le gouffre de l'immortelle bêtise qui ne cesse de nous asphyxier et le vomissement impur de la bêtise m'oblige à me boucher le nez devant l'azur.

[Sans signature]

Rodez, 10 février 1944

Très cher ami,

Vous savez que j'écoute toujours avec beaucoup d'attention tout ce que vous me dites et vous avez certainement remarqué que j'en tiens le plus grand compte. Je n'ai jamais négligé aucune de vos observations et elles m'ont toutes servi à faire un retour sur moi-même. C'est pourquoi comme d'habitude aujourd'hui j'ai réfléchi à ce que vous m'avez dit touchant mon comportement. Excusez-moi d'ailleurs de revenir là-dessus puisque comme vous me l'avez dit ce matin mes explications vous avaient satisfait et que la mauvaise impression que vous aviez eue en m'entendant chanter s'était effacée de votre esprit, en me voyant et en m'observant de plus près. Mais il y a moi-même un point que je désire éclaircir depuis longtemps, non pas de vous à moi seulement mais au sujet des circonstances vraies de mon internement. Je sais que vous avez étudié mon affaire de très près, et avec le plus grand souci de sincérité, et je ne parle pas de l'amitié et de l'affection que vous y avez mise en plus. Vous ne m'avez pas vu vous-même quand je suis revenu d'Irlande et touchant les circonstances vraies qui ont provoqué mon internement vous n'avez pas pu faire autrement que de les juger sur les rapports médicaux ou administratifs qu'on vous en a faits. Vous avez été révolté de la façon dont j'ai été traité par la police et les médecins, mais vous l'auriez été encore plus et tout à fait si vous aviez pu voir ces circonstances et ces traitements de tout près, car vous auriez jugé j'en suis sûr que mon état ne les justifiait en aucune manière et que cet internement était depuis l'origine une épouvantable iniquité. Je sais d'ailleurs que c'est ce que vous pensez dans le fond de vous-même et qu'on ne traite pas un poète comme un homme ordinaire mais il y a un point grave sur lequel on vous a menti. Et ce point c'est ce que vous ne cessez de me reprocher ici à chaque moindre occasion. C'est celui de la magie. Je voudrais savoir quand et où j'ai fait de la magie en public et d'une manière qui puisse provoquer ou énerver les gens et inspirer des doutes sur mon état mental? Vous oubliez que j'ai fait aussi de la mise en scène et que toutes les mises en scène que j'ai faites étaient basées sur une utilisation particulière de la *psalmodie* et de *l'incantation.* Est-ce de l'aliénation mentale? Je crois que des gens mal intentionnés et qui ne m'aiment pas vous ont fait subir leur influence à mon sujet, et tous ces gens en plus n'aiment pas Dieu et ils ont été exaspérés de ma conversion. Et ils ont cherché à se débarrasser de moi. De là la terrible influence que font sur vous des choses beaucoup plus naturelles que vous ne les percevez et les voyez, parce que vous homme de bonne foi n'êtes plus seul à les juger mais que d'autres esprits qui sont de mauvais esprits sont à ce moment-là autour de vous et dénaturent vos impressions en fonction d'un *mensonge* qui a été émis sur mon état mental au moment de mon internement. Et ce mensonge a été de prétendre que j'étais à ce moment-là un délirant [1].

Rodez, 11 février 1944

Mon très cher ami,

Encore un mot. Je veux achever de vous expliquer mon âme, afin que la vôtre achève de se tranquilliser à mon sujet. Et que vous ne me fassiez plus de ces reproches qui m'inquiètent et me font si peur. Non plus tellement pour ma santé maintenant que pour l'emprise que le Mal peut avoir sur vous. Je sais le souci que vous avez de mon cas et de ma situation, et je vois parfaitement que l'émotion que mon comportement vous cause part d'une affection et d'une amitié qui sont l'une des choses les plus rares que j'ai senties de toute mon existence. C'est pourquoi je ne veux plus mon très cher ami que vous soyez ainsi scandalisé ni par moi ni à mon sujet. Car je constate que chaque fois que je fais quelque chose qui vous paraît sortir des voies justes et normales vous êtes véritablement scandalisé. Et je ferai, soyez en bien persuadé, absolument tout ce qu'il faut pour que votre conscience soit apaisée. Parce que ce n'est par hasard que les circonstances vous ont mis depuis un an en face de moi comme juge de mon comportement. Vous avez raison de me faire vos remarques et de m'avertir comme vous l'avez fait hier chaque fois que vous constatez quelque chose d'anormal en moi. Mais je voudrais que vous me jugiez de plus loin et de plus haut et en ayant en mains toutes les données du problème. C'est pourquoi je vous écris cette lettre-ci. La magie et l'exorcisme voyez-vous sont très loin de ma conscience et s'il y a dans les modulations de ma voix quelque chose qui rappelle le Mauvais Esprit quand je chante j'achèverai de m'en corriger et d'expulser de moi toutes les pernicieuses influences, car j'ai une épouvantable horreur de tout cela. Mais je me suis demandé en vous écoutant hier si c'était l'utilisation délirante de la magie que vous attaquiez en moi ou l'esprit sacré dont toutes les pratiques magiques, et fétichistes ne sont que la déformation. Les exorcismes liturgiques rituels de l'Église catholique ne sont pas du délire, et il y a un délire qui vient du sacré et un délire névropathique. Et je crois que le Mauvais Esprit qui hélas s'insinue en vous à toute occasion et contre lequel vous combattez essaie maintenant de confondre vos impressions, et de troubler votre sensibilité de perception critique quand vous pensez à moi et que vous me jugez. Comprenez moi bien, loin de moi l'idée de vous faire un reproche sur ce plan. Je veux simplement vous avertir d'une chose que j'ai vue et sentie en vous et qui n'a fait qu'augmenter mon amitié et mon affection très profonde pour vous. Je vous ai vu un jour souffrir devant moi quand vous m'avez parlé des épi-phénomènes et des fausses croyances qui tourmentent et envahissent la conscience humaine. Et j'ai parfaitement senti et compris tout ce que votre âme me disait à ce moment-là. Car ce que vous me disiez à moi en médecin, j'ai senti que vous, vous le souffriez en homme et que vous n'étiez pas exempt de cet horrible envahissement de la conscience humaine par les flots de toutes les fausses images torturantes venues de notre inconscient. Or toutes ces fausses images sont ce que l'Église catholique appelle des démons. Et votre être tout entier tendu vers moi dans un mouvement intense de lucidité et d'affection me disait : « les épi-phénomènes, les fausses croyances sont des démons. Mais il ne faut pas y croire. Car les démons sont ce qui n'existe pas. Y croire c'est les faire venir. Et leur attribuer une existence, qui n'existe que dans notre pensée, à nous d'avoir la force de volonté de les repousser et de les tuer. Et moi médecin qui passe mon temps à combattre tous ces mensonges dans le réel je ne vais tout de même pas en mon âme y croire. Et pourtant c'est ce dont mon âme souffre en ce moment ». J'ai vu tout cela en vous parce que dans votre sollicitude ce jour-là à mon sujet il y avait une angoisse de fond perceptible dans votre visage, et qui du souci que vous aviez de moi et de vous-même, devenait une interrogation et une angoisse concernant la nature même des choses et leur destin. J'ai constaté en ce qui me concerne, mon très cher ami, que la meilleure manière de se débarrasser des démons qui nous affligent et nous rendent malades était d'être chaste, parce que c'est la pratique de la sexualité qui fait venir les démons en nous, et qui crée les déments, les névropathes, les pervers et les criminels. Tous les démons sont des idées lubriques obscènes qui à la longue ont dérangé le cerveau humain et je crois bien que c'est cette idée-là que Freud a eue au fond de lui-même quand il a créé le terme scientifique de « libido » qui incrimine toute la sexualité comme la cause de tout malheur et de tout mal. Et voici maintenant la question en ce qui me concerne. Quand en 1937 j'ai quitté le théâtre, et que j'ai voulu vivre comme un homme pauvre et détaché de tout — je n'étais ni chaste ni pur, et je n'avais pas appris à repousser les idées lubriques, impures, *érotiques* qui nous affligent et que l'Église appelle des tentations provoquées par des démons. Démons que l'on finit par apercevoir quelquefois comme des images inexistantes de l'air et auxquels il faut se garder de croire sous peine de devenir fou. Et y croire ce n'est pas seulement s'y intéresser mentalement, c'est leur donner une adhésion médullaire et nerveuse venue de notre inconscient, et consécutive à l'amour que nous avons pour notre lâcheté et notre faiblesse devant l'érotisme et la lubricité. C'est ainsi que le Mal m'a pris et que quand j'ai voulu communiquer mes idées religieuses elles ont pris une allure de thaumaturgie hybride qui a désorienté et désaxé les gens, et les mal-intentionnés en ont profité pour lâcher la bride à leurs démons à eux et à m'accuser de délire et de magie. Si j'avais été pur cela ne se serait pas produit. C'est pourquoi j'ai coupé avec tout cela et que je me suis converti parce que j'ai senti que je me perdais. Ma vie est chaste depuis des années et je travaille à expulser le Mal de moi, jusqu'au tréfonds de ma conscience. Laissez-moi finir d'achever ce travail *moral* QUI D'AILLEURS TOUCHE À SA FIN maintenant. Quand il sera fini plus rien dans mon attitude et ma vie ne pourra vous scandaliser ou vous troubler.

   A vous de tout cœur

ANTONIN ARTAUD

Rodez, 12 mars 1944

Mon cher ami,

J'ai vu avant-hier en sortant avec F. Delanglade à la librairie Faux une étude sur Saint Jean de la Croix par Jean Baruzi et qui m'a beaucoup intéressé. Mais je me demande s'il me reste encore assez d'argent pour acheter ce livre qui coûte 130 fcs.

Vous savez qu'il doit me revenir une somme d'argent sur le livre édité par J. Godet[1]. Mais il doit m'en revenir une autre sur la réédition du « Théâtre et son Double » dans la collection blanche ordinaire de la N.R.F. et que Jean Paulhan m'a annoncée au début de Janvier dernier. Elle ne peut donc plus tarder maintenant.

Si vous pouvez trouver un instant pour moi dans la journée je serai heureux de vous voir.

Toujours fidèlement vôtre

ANTONIN ARTAUD

[Rodez, 27 mars 1944][2]

Mon cher ami,

Voudriez-vous me faire l'amitié de donner 200 fcs pour moi à M\u1d63 Blanc. J'ai essayé de vous joindre depuis samedi à ce sujet mais je n'ai pas pu. J'ai besoin de m'acheter une cravate et j'ai aussi besoin d'avoir un peu d'argent sur moi. Je viens de voir assez longuement Voronca cet après-midi.

Il a énormément grossi depuis le mois d'août et beaucoup changé moralement. Il doit d'ailleurs revenir dans le courant de la semaine.

Toutes mes amitiés.

ANTONIN ARTAUD

Rodez, 28 mars 1944

Mon très cher ami,

J'ai l'impression que vous avez quelque chose de *personnel* à me reprocher, je veux dire qui concerne l'*amitié* que vous avez pour moi depuis des années et qui semble en ce moment vouloir s'en aller. Car cela me fait beaucoup de peine et me glace le cœur de vous voir passer devant moi sans me serrer au moins la main. Si vous avez quelque chose sur le cœur contre moi je vous prie en toute sincérité de me le dire car pour moi je ne vois absolument rien à me reprocher. Ma vie est extrêmement simple. Je sors le matin vers 9 heures et je vais à la cathédrale entendre la Messe et y prier. Je sors l'après-midi et je vais m'asseoir sur un banc au soleil dans le jardin de Rodez. Je rentre pour l'heure de la soupe et je me couche immédiatement après. J'ai vu Voronca hier après-midi, il avait sur lui *l'Imitation de Jésus-Christ* et il m'a donné une grande émotion en me disant que j'étais certainement cause qu'il était revenu à Dieu. Le fond de mon cœur Dr Ferdière je ne vous l'ai jamais caché je n'ai absolument plus d'autre pensée que Dieu et en sortant d'ici j'entrerai dans la Vie Religieuse et la seule et dernière consolation que j'attends de ce monde-ci serait d'avoir ramené à Dieu par l'Amour que je leur ai montré toutes les personnes qui dans mon internement ont eu comme vous *pitié* de moi. Et parmi ces personnes il y

a Madame Ferdière, Madame Régis et plusieurs de vos gar-
diens et de vos infirmières. Un tout petit peu d'affection
c'était tout ce qui me manquait sur la terre pour renaître et
me sentir revenir à la vie, et ici grâce à vous on m'en a donné
beaucoup. C'est pourquoi je suis tellement peiné de sentir en
ce moment en vous un éloignement pour moi.

Je suis affectueusement vôtre

A. ARTAUD

Rodez, 28 mars 1944

Mon très cher ami,

Je vous écris encore parce que vos occupations ne nous
permettent pas d'avoir ensemble une explication d'amis et
cœur à cœur et que l'angoisse que j'ai sentie dans votre cœur
quand vous m'avez parlé cet après-midi m'a fait mal et que
c'est mon devoir de vous l'enlever. Vous n'avez pas compris
les sentiments que j'avais pour Madame Régis *et ils sont les
mêmes que pour vous*. Vous avez eu pitié de moi et vous m'avez
fait du bien *quand tout le monde me faisait du mal,* mais Madame
Régis aussi qui ne me connaissait pas a eu pitié de moi et me
l'a montré par sa *sollicitude* à mon égard. Et ce que vous ne
savez pas c'est qu'elle m'a fait envoyer un jour un pain parce
qu'elle a pensé que je n'en mangeais pas assez et que cela me
ferait du bien. Cela m'a bouleversé et j'ai vu en elle *un cœur*
et moi qui n'ai absolument rien j'ai simplement voulu lui faire
comprendre que le sentiment de *piété,* et de Charité qu'elle
avait mis à me rendre service n'étaient pas tombés dans le
cœur d'un indifférent et que je comprenais ses sentiments à
mon endroit *comme je comprends aussi les vôtres.* Je le lui ai écrit
comme on écrit un poème, quand ce poème on le met sous

la garde et l'inspiration de Dieu. Et je ne crois pas du tout
qu'il y ait d'absurdités dans les lettres que je lui ai écrites et
vous n'avez pas lieu d'en être *jaloux* pas plus qu'aucun de
mes amis n'a lieu d'être jaloux de l'amour que je vous porte
parce qu'on n'aime personne du même amour sur cette terre
et me connaissant comme vous me connaissez vous devez bien
penser que l'idée des amourettes vulgaires est très loin de mon
esprit.

Quand j'aime quelqu'un moi c'est pour toujours et je le
lui dis parce que mon cœur éclate sans cela et j'ai[me] Madame
Régis à cause de sa *Charité* à mon endroit et la Charité c'est de
l'Amour comme on l'entend du côté de Dieu. Et il n'y en a
jamais eu d'autre. Les sentiments que j'ai manifestés dans mes
lettres à Madame Régis[1] sont ceux de Saint François d'Assise
pour Sainte Catherine de Sienne et vous, mon très cher ami,
vous, avec le cœur que je vous connais vous ne pouvez pas
penser que cette façon d'aimer soit une absurdité. Et vous
ne pouvez pas penser non plus que mon style ait sombré tout
à coup dans l'idiotie. Ce n'est pas votre manière de juger et
vous n'êtes pas assez injuste pour cela et vous n'avez pas perdu
tout à coup tout sens critique au point de penser qu'Antonin
Artaud puisse descendre tellement au-dessous de lui-même
pour écrire des absurdités. Mes sentiments, mon très cher ami,
ne sont pas ceux d'un hypocrite qui se cache pour les exprimer
et si votre cœur a été ainsi soulevé à la lecture de mes lettres
à Madame Régis c'est qu'il y a de mauvais esprits qui travaillent contre vous tous et qui vous ont soulevé et dérouté
le cœur à mon endroit parce que mon affaire d'internement où
vous personnellement êtes intervenu pour me sauver est une
affaire d'envoûtement qui dure depuis des années et que les
mauvais esprits, je veux dire les mauvaises gens qui sont mes
ennemis travaillent par magie avec leurs mauvais esprits à
dérouter, à énerver et à affoler tous ceux qui m'aiment et à
jeter l'obscurité sur leur esprit afin de les empêcher de me
comprendre et de m'aimer. De cette affaire d'envoûtement
vous avez déjà eu vent mais vous n'avez jamais voulu y croire

complètement parce que les forces mauvaises et les influences
pernicieuses on ne les voit pas et que seul notre cœur les
sent à l'altération de ses propres sentiments, et que notre
esprit peut en constater la présence uniquement devant l'obs-
curcissement de son propre jugement. Elles n'en existent pas
moins et il fait partie de leur astuce perverse que de nous
inciter à les nier afin d'arriver ainsi à nous faire plus de
mal.

Vous n'avez pas trouvé en vérité que mes lettres étaient des
absurdités, mais les mauvais esprits se sont servis d'un sentiment vrai qui existe dans votre cœur afin de le transformer
en jalousie à mon endroit et de lui enlever ainsi sa liberté
de jugement. Croyez-moi Dr Ferdière le Mal qui m'a fait
assommer dans les rues de Dublin par la police avant de me
faire emprisonner et déporter et qui m'a fait maintenir 17
jours en camisole de force en cellule au Havre pendant qu'on
m'y forçait à boire des poisons n'a jamais lâché prise et il vous
en veut de votre bonté, de votre pitié et de votre charité à
mon endroit et c'est pourquoi en ce qui me concerne il ne
cesse de s'attaquer à votre cœur et de vous faire considérer
que mon attitude est celle d'un malade et que mes idées sont
des folies afin de vous empêcher de me rendre la liberté.

Alors que vous avez maintes fois bataillé à Paris pour moi
avec d'autres médecins à ce sujet.

Si vous aviez lu mes lettres en tenant compte de ce que je
vous dis sur l'existence des mauvais esprits vous les auriez
jugées avec un autre cœur parce que vous auriez défendu
votre cœur contre toutes les influences perverses qui *trans-
mutent* nos sentiments et font tout à coup de nous un autre
homme et une autre conscience à *notre insu*. Et il fait partie
du calcul de ces mauvais esprits de vous faire croire *une fois
de plus* que je suis un persécuté et un malade afin de m'affoler moi et de me faire perdre toutes mes forces de résistance
au mal par la perspective de je ne sais quel nouveau traitement ou par celle de la privation d'une liberté qui était tout
ce qui me faisait du bien en ce moment. Contre eux je n'ai

pas d'autre arme que la prière, ne me l'enlevez pas en m'empêchant à nouveau de sortir prier et entendre la messe à la cathédrale *tous les jours* comme je le faisais.

Je n'ai jamais cru qu'à l'Amour Dr Ferdière mais c'est celui prêché par Jésus-Christ mais je ne peux pas en parler aussi bien que Jésus-Christ parce que je ne suis qu'un homme, et que c'est à cette idée de l'Amour que les mauvais esprits des hommes s'attaquent *dans votre cœur* parce que cette idée de l'Amour est Religieuse et chaste et que les hommes n'en veulent pas. Et que pour la leur imposer et vous la faire comprendre même à vous il faut des paroles de flamme et une langue que je n'ai pas parce que j'ai depuis longtemps trop souffert de la façon dont j'ai été traité dans tous les Asiles où je suis passé. Et qu'on fait maintenant tout ce qu'on peut pour m'enlever mon dernier ami. Et ce dernier ami c'est vous.

Affectueusement vôtre.

ANTONIN ARTAUD

Rodez, 30 mars 1944

Mon cher ami,

Ce que l'on vous a dit à mon sujet *est complètement faux.* J'ai été tellement suffoqué quand vous m'en avez parlé que je n'ai rien trouvé à vous répondre mais depuis j'ai fait une petite enquête et je pense qu'avant de m'accuser de quoi que ce soit il aurait fallu, vous, en faire une et vous auriez vu que les rapports qu'on vous a faits sur mon compte sont de faux rapports.

Vous m'avez dit que je chantais dans ma chambre et que *mes voisins s'étaient plaints* or je suis allé interroger l'interne Joseph, j'ai interrogé le Dr Fauvon [?] ils m'ont répondu que je ne les avais jamais dérangés, qu'ils n'avaient jamais rien remarqué d'anormal dans mon comportement et que s'ils avaient eu à se plaindre de moi ils seraient venus m'en faire la remarque à moi-même avant de me signaler et ils ont dit *qu'ils n'avaient jamais rien signalé à personne.*

En ce qui concerne Mme Alo j'ai interrogé plusieurs infirmières et infirmiers qui me voient toute la journée aller et venir ils m'ont tous dit qu'ils n'avaient jamais rien remarqué d'anormal dans mon attitude et que nul n'avait à se plaindre de moi ici. Quant à Mme Alo qui me salue toujours très affablement et à qui je réponds de même *interrogez-la* vous-même et je [.....] [1].

Rodez, 2 avril 1944

Mon très cher ami,

J'ai prié aujourd'hui pour vous à la Messe des Rameaux parce que je veux que vous soyez très bon et que votre amitié ne m'abandonne jamais. Or en ce moment elle se retire parce que vous ne parvenez pas tout à fait à me comprendre et qu'il y a toujours eu dans ma vie quelque chose qui vous a échappé. Ma grande douleur jusqu'ici a été que vous ne soyez jamais allé jusqu'au bout de ma conscience ainsi qu'il l'aurait fallu pour me rendre tout à fait justice et accomplir complètement votre devoir. Vous m'avez sauvé il y a un an mais il est resté au fond de votre inconscient quelque chose qui n'a jamais admis intégralement mon attitude morale et les mobiles de mon comportement. Si ce quelque chose n'existait pas vous ne m'imposeriez pas périodiquement des scènes de reproche démoralisantes et déconcertantes pour moi parce qu'elles roulent toujours sur des choses inexistantes et que votre esprit trop sensible enfle démesurément. Quand j'ai dit à

Mme Alo qu'on m'avait reproché de faire des signes caba-
listiques et de prononcer le mot de Satan en passant devant
elle elle a éclaté de rire et m'a demandé qui avait pu inventer
d'aussi calomnieuses imbécillités. Et ainsi du reste. Vous
semblez d'autre part ne pas pouvoir supporter l'Amour que
j'ai pour Mme Régis. Pourtant un amour désintéressé n'a
jamais nui à personne et quand on aime quelqu'un avec son
cœur on ne peut pas être jaloux de l'amour qu'un autre lui
porte. Et au contraire *on en est heureux*. C'est l'attachement
à la sexualité qui envenime les rapports humains et crée
sur le plan affectif un antagonisme qui n'existe pas. Vous
m'avez reproché comme une énormité d'avoir écrit à
Mme Régis qu'elle était une Sainte, or cette énormité n'a
existé que dans votre imagination car je ne lui [ai] jamais
rien écrit ni dit de semblable mais je l'ai invitée à le devenir
parce que le cœur et l'élévation de conscience que je lui ai
vue dans les plus petites choses de la vie m'ont émerveillé et
que j'ai eu envie de susciter en elle un idéal de sublimation
auquel les hommes ne pensent jamais parce qu'une femme
n'est pour eux qu'une bête faite pour satisfaire leurs plus
bas instincts et qu'ils ne cherchent qu'à salir avec leurs
obscènes désirs. Jésus-Christ a pris un jour une femme de
mauvaise vie qui s'appelait Marie Magdeleine et il l'a élevée
par son amour aux hauteurs de la Sainteté. Je ne suis pas
Jésus-Christ et Mme Régis n'est pas une femme de mauvaise
vie, tout au contraire et loin de là. Je ne suis qu'un homme
sans moyens et sans vertus et je n'ai à ma disposition aucun
moyen surnaturel d'action. Mais si comme vous me l'avez
dit vous-même dans votre bureau j'ai une Mission et une
fonction ici-bas, elle consiste à détacher les consciences des
vulgarités et des bassesses décevantes de la vie et à leur
apprendre un idéal dont la pesanteur de l'existence les
éloigne. Cet idéal est indétachable pour moi de cette idée
de l'Amour-charité prêché par Jésus-Christ qui s'oppose
sur tous les points à l'exercice de l'amour-sexualité, qui est
devenu la notion exclusive de l'amour dans la conscience de

l'homme d'aujourd'hui. Dieu a demandé à l'homme la charité d'un amour éternel et l'homme lui a rendu de l'amour
une idée faite pour des pourceaux. Car l'amour sexuel est
toujours temporel et de passage et il ne sait pas regarder
au-delà du fini. Mon seul devoir à moi dans cette affaire
c'est *d'être pur* et de répandre cet idéal de pureté infrangible
autour de moi. Or il faut que mes amis m'y aident et tous
mes amis ne m'y aident pas. Et c'est à vous surtout Dr Ferdière que je pense ce disant. J. K. Huysmans dit dans « La
Cathédrale » ou dans « l'Oblat » que les cloîtres constituent
des barrières infranchissables de prières aux assauts du Mal
et du péché, et ma douleur ici est de voir qu'autour de tous
les efforts que je fais pour garder toute ma pureté de
conscience mes meilleurs amis *en ne voulant pas se garder
chastes* continuent à constituer autour de moi une barrière
de péchés. J'ai un certain nombre d'amis sur terre que j'ai
tous minutieusement choisis car je ne peux aimer que des
âmes rares. Ils constituent le minimum de pureté nécessaire
autour de moi pour me permettre de réaliser ma fonction
terrestre en me préservant par leur pureté propre des agressions du mauvais esprit. Cela mon très cher ami est une idée
mystique élémentaire car l'amour garde de tout mal mais le
porteur de l'amour doit être très pur lui-même, car sans cela
c'est lui que le mal prend et l'amour s'éteint en lui. Sans un
minimum de pur amour il ne m'est pas possible de vivre ni
de retrouver toute ma force d'action. Le dernier service que
j'attends de vous est de me comprendre sur ce plan-là en évitant de blesser ma conscience comme vous l'avez fait tous ces
derniers temps par des reproches qui ne reposaient sur rien
que sur votre inquiétude et votre malaise propre parce que
vous n'êtes pas vierge de tout mal, et en évitant aussi de m'affoler par la perspective de traitements suppliciants qui
sont tout ce que le mal attend pour achever de se jeter sur
moi. Car j'ai remonté la pente une fois après trois mois
d'angoisse, de délire, de confusion, d'oubli. Je ne la remon-
terai pas une autre fois parce que mon âme en a assez d'être

maltraitée et *martyrisée*. A l'heure où un drame sans nom a lieu par-dessus toute la terre et où les hommes se battent sans savoir pourquoi parce qu'ils n'ont jamais eu le courage de descendre au fond du drame de leur conscience ce n'est pas le moment d'annihiler un esprit qui n'a jamais eu d'autre pensée que de percer à jour le drame de sa conscience, afin d'apprendre aux autres à distinguer pour les détruire tous leurs ennemis intérieurs. L'inimitié entre les patries est fonction de cette inimitié que chaque homme porte en lui, lui-même pour lui-même. Mais aucun homme vivant n'a jusqu'ici voulu faire les sacrifices nécessaires pour la solution de ce problème, et si cette solution n'est pas acquise il n'y aura plus jamais de paix. Mon seul but présentement sur la terre est d'aider les hommes mes amis à accepter les sacrifices nécessaires pour obtenir la véritable paix.

Affectueusement et fidèlement vôtre

ANTONIN ARTAUD

N'oubliez pas de me signer cette autorisation de sortie que vous m'aviez promise jeudi dernier.`Vous n'imaginez pas le bien que cela me fait de me promener en liberté.

[Rodez, vers le 20 mai 1944][1]

J'ai compris cher monsieur Ferdière la raison de votre mécontentement à mon égard mais je voudrais avant que l'irrémédiable ne soit accompli m'adresser une dernière fois à votre cœur afin de retrouver en vous l'ami qui m'a aidé et fait venir ici et non le Médecin d'une Administration qui est cause de mon supplice depuis 7 ans alors que l'ami s'était élevé il y a un an contre l'injustice de ce supplice et avait voulu le faire cesser. Je crois M. Ferdière qu'il y a en vous un ami qui m'aime et me comprend et c'est vous-même, et un homme qui n'a l'idée de me traiter que pour me détruire. Et il veut me détruire parce que je ne sais quelle mystérieuse envie l'anime. Cet homme n'est pas vous mais il ressort chaque fois que l'ami croit avoir quelque chose à me reprocher. Vous me reprochez en ce moment de me cacher de vous et c'est ce que vous m'avez toujours reproché depuis que je suis ici. Mais je vois là plutôt des scènes de jalousie amicale que des reproches critiques de médecin. Quelque chose de mon monde intérieur vous échappe et vous m'en voulez de m'en ouvrir à d'autres que vous. Or c'est le contraire de mes intentions. J'ai toujours voulu vous entraîner dans ma sphère poétique propre mais j'ai vu que vous ne vouliez pas y croire et c'est ce qui m'a fermé le cœur. Les états mystiques du poète ne sont pas du délire Dr Ferdière. Ils sont la base de sa poésie.

Me traiter en délirant c'est nier la valeur poétique de la souffrance qui depuis l'âge de quinze ans bout en moi devant les merveilles du monde de l'esprit que l'être de la vie réelle ne peut jamais réaliser ; et c'est de cette souffrance admirable de l'être que j'ai tiré mes poèmes et mes chants. Comment ce que vous aimez dans mon œuvre ne parvenez-vous à l'aimer dans le personnage que je suis. C'est de mon moi profond que je tire[1] mes poèmes et mes écrits et vous les aimez. Tout poète est un Voyant. C'est de son illuminisme que Rimbaud a tiré les Illuminations et la Saison en Enfer. Et William Blake avait vu dans le monde mystique de l'Esprit l'objet de toutes les visions merveilleuses transcrites dans le Mariage du Ciel et de l'Enfer. Si je ne croyais pas dans les images mystiques de mon cœur je ne pourrais pas arriver à leur donner la vie.

Je crois au Ciel Dr Ferdière si je ne crois pas à l'enfer et je considère comme une révoltante impiété de traiter de délire les images que je me forge du ciel.

Je n'ai cessé par périodes depuis l'âge de quinze ans de percevoir autour de moi Jésus-Christ et la Sainte Vierge et je ne m'en suis jamais caché à personne et tout Paris au temps où j'étais le poète Antonin Artaud et où j'étais libre connaissait les visions mystiques que j'avais. Et je vous les ai décrites à vous-même à Paris en 1935 et je ne comprends pas que ce qui à l'époque avait émerveillé le Dr Gaston Ferdière Interne des Hôpitaux et lui avait fait aimer le poète et le mystique que j'étais soit traité aujourd'hui de délire par le Dr Gaston Ferdière Médecin Directeur de l'Asile de Rodez. Vous m'aviez promis à Paris de me défendre en toute occasion et vous m'avez dit que mes états mystiques étaient de la vérité et non du délire maladif et qu'il faudrait tomber dans une époque de crime, d'ignorance et de folie pour les traiter en maladie. Je vous supplie de rappeler votre âme vraie et de comprendre qu'une série d'électro-chocs de plus m'anéantirait.

Et je ne crois pas qu'en conscience vous le veuilliez.

ANTONIN ARTAUD

[?, 1944][1]

J'ai fait de la thaumaturgie en public c'est parfaitement vrai, mais je voudrais savoir si c'est la thaumaturgie elle-même ou le délire qu'on me reproche. Si c'est la thaumaturgie c'est une iniquité parce que cette thaumaturgie était chrétienne, et elle était même christique, je veux dire qu'elle était faite au nom de Jésus-Christ et que c'est cela qui a exaspéré un certain nombre de gens qui ne sont eux-mêmes que des Démons. Si c'est le délire c'est un mensonge, et vous médecin et homme de foi et de bonne volonté, si vous m'aviez vu à ce moment-là vous n'auriez jamais pu juger que j'étais un délirant. Comme la thaumaturgie n'est pas internable mais que c'est le délire qui l'est, on a prétendu que j'étais un délirant afin de se débarrasser du thaumaturge en moi et c'est tout. Il y a eu parmi les rapports qu'on vous a communiqués un rapport particulièrement faux au sujet de mon comportement. Et j'affirme moi, après 7 ans d'internement que ce rapport était payé comme cela se pratique quelquefois, dans les mœurs de la si jolie époque que nous vivons. Il y a eu une campagne d'amis pour ma délivrance quand vous m'avez pris chez vous, mais il y en a eu une aussi d'ennemis pour mon internement en 1937. Si vous m'avez trouvé malade et détraqué quand je suis arrivé ici, *et en effet je l'étais,* c'est à cause des mauvais traitements et des *violences* que j'avais subies un peu partout avant de venir chez vous, où enfin j'ai trouvé un ami quand on m'avait séparé de tout. Je suis guéri de ce détraquement, mon très cher ami; croyez-le mais croyez aussi qu'il y a de très mauvais esprits qui travaillent contre vous et qui eux aussi font de la magie mais noire celle-là, c'est-à-dire *obscène* quand celle que je faisais était blanche. Et que c'est l'éternelle bataille entre le Bien et le Mal. Et que ces mauvais esprits occupent sur la terre les hommes qui ont provoqué mon internement et qui sont des Initiés du Mal et des Démons.

Affectueusement vôtre

ANTONIN ARTAUD

La moitié des chants de l'église catholique étaient des exorcismes au début de l'ère chrétienne et ils ont maintenant passé dans la liturgie des fidèles. C'est souvent aussi une affaire de voix et de ton rythmique personnel. Il y avait aussi des gens quand j'étais acteur de théâtre qui détestaient ma voix et mon ton dramatique parce qu'ils les trouvaient trop mystiques et incantatoires quand je déclamais. Ce n'était pas une raison pour que cela soit confondu avec de la névropathie.

1er janvier 1945

Beaucoup de personnes aujourd'hui vous présenteront leurs vœux puisque c'est le rite et que paraît-il nous entrons dans une nouvelle année. Mais pour moi ce sera une occasion de plus de vous manifester que vous avez en moi un cœur qui ne vous oublie jamais et qui plusieurs fois par jour se demande où en est votre âme et comment elle supporte l'injustice de la vie. La vie nous a moulés dans le rythme des ans et du retour fatidique des dates mais nous ne le lui avions pas demandé et ses dates ne nous ont pas rendus plus heureux en nos cœurs, ni pourvus de tout ce qui nous manque à vous et à moi spécialement M. Ferdière : la place d'être où notre être véritable se tient quand nos consciences ne sont plus que deux résignées malheureuses qui ne peuvent supporter de vivre qu'en oubliant ce qu'elles sont.

Puisse tout de même un sursaut caché de Dieu au fond de l'injustice des choses vous rendre cette année-ci le bonheur absolu.

Je fais les mêmes vœux pour votre enfant dont le sourire m'a toujours émerveillé.

Et veuillez dire à Madame Ferdière que je suis très peiné de ne pouvoir lui envoyer des fleurs mais que c'est ce que mon cœur pense aujourd'hui pour elle.

ANTONIN ARTAUD

[Rodez, vers le 9 mars 1945] [1]

Mon bien cher ami,

Vous avez certainement lu il y a quelque temps puisque c'est vous qui me l'avez fait apporter ici, le mot de Paulhan me disant : « l'horreur sera à la porte et toute prête à rentrer tant que les hommes n'auront pas formé la pensée qu'il *faut* (c'est de quoi plus d'un parmi nous désespère. Peut-être que si vous étiez là[1]...

Plus que jamais mon cher ami je pense à ce devoir que Jean Paulhan me rappelle et j'y pense souvent en pensant à vous. Je sais que vous me reconnaissez une intuition et un cœur. Et que c'est une idée de moi-même que vous ne pouvez pas abandonner. Or c'est grâce à vous que je me suis remis à écrire. J'ai ajouté un complément au « Voyage au Pays des Tarahumaras » qui en a à peu près doublé le texte, j'ai écrit le Bébé de Feu, Israfel, Annabel Lee. J'ai noté plusieurs rêves parmi lesquels « Les Mères à l'étable ». J'ai un assez grand nombre de pages d'un livre nouveau auquel je pense sur le moi et l'infini, où j'essaye de poétiser et faire vivre comme en un drame vécu au fond du pauvre cœur humain toutes les idées que les philosophes qui ne furent que Philosophes à part sans doute Platon ont pu avoir sur tous ces points. Je veux dire que sans votre incitation je n'en serais pas arrivé au point où j'en suis actuellement en face de moi. Eh bien je ne veux pas non plus être en reste avec vous. Je sens, et c'est avec mon cœur que je le sens lorsque je vous vois que vous n'êtes pas du tout heureux ni satisfait et de la vie et des choses et je sais que vous n'avez jamais cessé de compter sur moi et que vous attendez que je fasse moi aussi quelque chose pour aider toutes les consciences d'hommes à ne plus être martyrisées.

Et de quoi en réalité pourrait-il s'agir sinon de cet effarant problème du moi qui ne veut jamais se rendre à lui-même, *lui-même,* parce qu'il ne cesse pas d'être sans le savoir attiré par l'intrusion envahissante des choses, de toutes les choses, qui ne sont pas lui et qui en lui essaient de se faire prendre pour lui. C'est là, sur ce point de l'éternelle bataille entre le moi et le non moi, où Platon en son temps avait essayé d'apporter ses lumières (mais le temps au temps de Platon n'avait pas encore assez marché) c'est là que l'âme de l'homme souffre comme l'homme jusqu'à présent n'avait encore jamais souffert.

Je sens que plus que jamais *vous* et quelques autres consciences lucides et qui *sentant* leur inconscient ont commencé à entrevoir ce qui s'y passe en voulez aux choses et à Dieu de ne vous avoir pas encore *donné* votre être, de n'avoir pas lâché devant vous, de ne vous avoir pas enfin permis d'intégrer en vous tout le parfait, l'authentique voulu, le déterminé conscient de votre être, cet être que dans certaines heures élues et transportantes de notre vie, devant un poème ou une musique, nous reconnaissons vraiment pour nous-mêmes et qui en suite passe et nous fuit. Et ensuite nous ne sommes plus que n'importe qui, n'importe quoi, et nous disons et faisons n'importe quoi.

J'ai commis à un moment donné une erreur et quand je suis arrivé ici il y a deux ans j'étais dans l'esprit de cette erreur. J'ai cru qu'on pouvait lutter par des moyens surnormaux contre l'inconscient mauvais de tout le monde et je l'ai fait jusqu'au mois d'avril 1943 et c'est ce que vous m'avez reproché. Mais je me suis rendu compte que ce faisant j'outrepassais les moyens d'un homme et que ce n'est jamais à un homme de faire cela et que c'était une faute et un *péché*. Vous savez et je vous prie aujourd'hui *instamment* d'y penser, vous savez que je ne mens jamais. Eh bien quand vous me l'avez reproché je l'ai reconnu. Mais je vous prie par contre de croire que quand je vous ai dit que ce n'était plus vrai et que j'avais cessé je ne mentais pas non plus et qu'*en réalité* j'avais cessé. Depuis Avril 1943, je dis Avril 1943 je m'en suis tenu strictement à écrire et chaque fois que vous m'avez reproché autre chose cela — comprenez-moi bien car il s'agit d'un phénomène d'une capitale importance — cela dis-je *m'a plongé dans l'effarement.*

C'est ainsi que quand au mois de décembre dernier vous êtes passé devant moi un matin à l'heure de la visite et m'avez reproché je ne sais quelles conjurations j'ai été absolument DÉSESPÉRÉ. Car je savais bien que je ne faisais absolument rien et que je menais depuis plus d'un an la vie de tout le monde. Et ce que vous m'avez dit m'a moi-même épouvanté, car je pensais que si vous aviez *vu* et si on vous avait signalé quelque chose ce ne pouvait être qu'une chose qui revenait d'un passé aboli pour moi, et à laquelle moi-même je ne participais absolument pas. Et je me suis dit : voilà que toutes les choses dont je ne m'occupe plus que je réprouve et que je fuis comme une peste, voilà que toutes ces choses assaillent maintenant et tourmentent le Dr Ferdière. Et en effet lorsque vous m'avez serré la main ce matin-là vous aviez la main brûlante comme un homme plongé dans le feu et qui brûle au milieu du feu. Et je ne suis pas mort ni Jésus-Christ pour tirer quelqu'un de l'enfer. Car en vérité et c'est bien cela que vous me reprochiez : vous me reprochiez d'être en enfer et de ne pas vous en tirer comme si j'avais jamais été capable moi de jeter le cœur d'un Ange qui m'aime dans les enfers. Je dis un Ange, car vous avez fait pour moi bien souvent des choses qu'aucun homme sur terre n'avait jamais faites : vous m'avez habillé, chauffé, et donné à manger, par pure amitié, par amour et par pitié, comme un frère enfin et non par devoir administratif.

Je ne sais pas mon très cher ami qui vous a trompé ce jour-là ni comment on a pu vous tromper de la sorte pour vous amener à me reprocher une sorte de crime de magie dont l'idée seule me ferait vomir.

Cela d'ailleurs n'a rien à voir avec les maladies mentales et j'ai dû horriblement souffrir après pour payer une action que j'étais en âme et conscience absolument incapable de commettre. Car tout ce qui est de la magie Dr Ferdière est de l'Antéchrist et je n'ai jamais aimé sur cette terre que Jésus-Christ. Cette souffrance a été d'entrer dans cette épouvantable thérapeutique de chocs et de sommeils qui fut toujours pour moi plus qu'une torture car cela signifia chaque fois pour mon moi-même une véritable disparition. Et j'ai besoin de moi pour être et me sentir exister moi aussi. Le suicide est interdit et on ne peut pas se condamner à mourir soi-même puisque l'on meurt alors complètement et sans recours, mais j'aimerais mieux mourir tout de suite et vraiment que de repénétrer dans un coma provoqué, dans un sommeil pour moi chaque fois pire que la mort et dont je conserve en mon âme un terrible souvenir de mort.

— Vous m'avez reproché ensuite des chantonnements il y a un mois et demi. Mais vous n'avez pas pu les entendre car il n'y en avait pas et que je n'ai absolument rien fait de tel. Mais j'ai acquis en plus la preuve que celui qui m'a signalé et qui a souvent la main prompte contre les pauvres inconscients d'ici a été aussi terriblement prompt à m'accuser, et que ce qu'il m'a reproché il a *cru* l'entendre lui-même quand *en réalité il n'y avait rien*.

Vous êtes trop sensible, trop crédule et trop bon. Lorsque quelqu'un se lève en accusateur devant vous, que ce soit un gardien ou un malade et que comme certains malades il se plaint avec virulence vous le croyez. Mais lorsque quelqu'un comme moi n'élève jamais la voix, ne se plaint pas et ne dit rien alors vous ne le ménagez plus. Ce n'est pourtant pas ce que pense ni ce que veut votre cœur mais ce à quoi la faiblesse inhérente à notre nature d'homme nous a tous depuis toujours entraînés. Nous n'aimons pas ceux qui se sacrifient et nous leur en voulons de se sacrifier. Mais un homme, que comme vous l'injustice des choses révolte ne peut pas demeurer dans ce défaut.

J'attends de vous maintenant Dr Ferdière un petit acte de justice : c'est tout simplement que vous me disiez que vous croyez en ma sincérité et en ma bonne volonté et que vous y croyez cette fois *irrémissiblement*.

Quant à moi pour faire profiter les autres de ma conscience de la douleur et de mes heurts avec l'inconscient et ses limbes, je crois que j'ai quelque chose de plus à faire présentement que d'écrire, j'ai besoin aussi de dire des poèmes devant les autres et de leur expliquer à haute voix ce que je sais. Et cela je crois qu'il le faut. Le Dr Dequeker m'a dit un soir après que j'ai récité devant lui un poème de Gérard de Nerval que cela l'avait remis en communication avec un sentiment perdu de poésie. J'ai horreur de la vantardise vous le savez aussi mais il y a en moi une force innée de poésie qui ne peut pas ne plus sortir. Et je crois que c'est ce que le monde moderne attend pour se guérir de son anarchie. Si vous pouviez ainsi que vous m'en avez parlé et me l'avez promis, bientôt me rendre la liberté vous me permettriez de remplir un devoir salutaire et que j'ai eu le temps de méditer depuis bientôt 8 ans que je suis enfermé. Et vous aurez été pour beaucoup dans l'exécution de ce devoir.

Vous ne pouvez pas après tout ce que je viens de vous dire ne pas être définitivement rassuré sur mon compte.

Et j'espère que vous croirez en moi comme moi je ne doute pas de vous. Je vous serre affectueusement les mains. Veuillez transmettre à Madame Ferdière mon fidèle souvenir.

ANTONIN ARTAUD

Rodez, 5 août 1945

Mon bien cher ami,

Comme vous m'aviez dit de le faire hier matin j'ai écrit à quelques amis de venir me chercher ici pour m'accompagner dans mon retour à la vie libre. Je n'ai pas l'intention de rentrer à Paris pour y retrouver comme auparavant la vie de cafés, de cinéma et de théâtre, mais d'aller à la campagne dans un coin retiré loin du bruit des villes et où je pourrai me reposer avec quelques amis. Trois très grandes amies de Paris et qui sont aussi mes proches parentes m'ont écrit il y a quelque temps pour m'offrir de m'accompagner et de m'aider à vivre. Elles s'appellent Cécile Schramme 8 rue des Mélèzes à Bruxelles Anie Besnard 45 quai Bourbon.

Quant à Catherine Chilé qui est originaire de Smyrne en Turquie d'Asie, ma mère Mme Euphrasie Artaud connaît son adresse et elle pourra l'avertir. Si donc vous voulez écrire à ces deux premières personnes pour confirmer mes lettres et à Mme Euphrasie Artaud cela hâtera mon départ. Je crois d'ailleurs comme elles me le disaient dans leurs lettres qu'elles sont parties et qu'elles sont en route pour venir me chercher, car elles n'ont appris que dernièrement mon internement étant absentes de France où elles ne sont revenues que ces temps derniers. J'ai écrit aussi à Jean Paulhan, à Raymond Queneau et à Solange Sicard que vous avez rencontrée à Paris. Car ils pourront m'apporter aussi un peu d'argent pour mon voyage. J'ai l'intention d'aller dans un coin du midi de la France et peut-être après m'être quelque temps reposé, entreprendrai-je un voyage au Thibet comme j'en ai fait un au Mexique en 1936.

Ma mère qui était désolée depuis huit ans de cet internement sera ravie de ma libération et elle m'accompagnera très certainement dans le midi.

Merci, M. Ferdière.

ANTONIN ARTAUD

Rodez, 6 août 1945

Mon cher ami,

Je n'ai pas encore reçu de réponse des trois amies auxquelles j'ai écrit de venir me chercher puisque vous m'aviez dit d'écrire à quelques amis de venir me chercher ici pour m'accompagner dans mon retour à la vie normale. Mais j'ai écrit à madame Nel Dumouchel qui est la mère de madame Yvonne Allendy, la femme du docteur René Allendy, morte en 1935, un peu avant mon départ pour le Mexique. Elle a des amis dans le midi qui veulent mettre à ma disposition une petite maison de campagne, une sorte de ferme où je pourrai m'occuper à des travaux manuels avec mes parentes et quelques amis qui veulent m'accompagner. Après huit ans d'internement, où je me vois toujours en face de moi-même et seul sans amis j'ai besoin d'avoir autour de moi quelques personnes de cœur, et de cesser pour un temps de penser aux choses de l'esprit pour m'intéresser à des choses objectives et concrètes dans la vie de tous les jours. Revenir à soi-même pour moi c'est vivre comme un travailleur manuel afin de laisser reposer sa conscience. Voilà quels sont mes projets et mes intentions en sortant d'ici. Et j'espère que l'administration des asiles français qui me retient depuis huit ans ne voudra pas contrairement à vos intentions m'imposer un nouveau transfert, et comprendra que la paix générale des consciences est liée à mon retour à une vie libre, simple et saine à la campagne, et qu'un transfert dans un autre asile ne pourrait qu'achever de la troubler, car vous savez que j'ai beaucoup d'amis dehors qui n'ont jamais compris que je sois interné et qui veulent mon retour à la liberté.

Antonin Artaud

Je n'ai pas encore reçu de réponse à la lettre que j'ai écrite à ma mère pour lui annoncer que vous me rendiez la liberté, mais, elle, qui était si angoissée de mon internement se sera sûrement déjà mise en chemin pour venir me chercher ici.

Rodez, 30 octobre 1945

Mon bien cher ami

Vous devriez me réserver un petit moment pour vous lire quelques passages de mon livre : Le Surréalisme et la fin de l'ère chrétienne. Vous m'avez dit en me suggérant de l'écrire « j'ai de grands projets » et je crois que je vous ai très bien compris. Ce projet était de vous débarrasser de la souffrance qui tient à l'heure qu'il est les corps de tous les hommes en vie, lesquels souffrent toute la journée à se défendre contre d'immondes envies (et j'ai parlé de ces envies dans ce rêve qui vous avait tant plu : les Mères à l'étable.

Flots sur flots elles déferlent sur nous de tous les points de leurs immondes envies jusqu'au jour où elles entreront en carence, la carence du Manifesté de la vie) ils souffrent tous les hommes en vie à se défendre contre je ne sais quel esprit, cet esprit qui un jour fut un être et se fit appeler Jésus-Christ et qui tourmente notre inconscient à tous. Et vous avez voulu en me demandant d'écrire ce livre me fournir une occasion de désigner ce mauvais esprit qui travaille dans l'inconscient et les rêves à accaparer notre conscience au lieu de nous laisser rêver nos rêves comme si nous étions en vie. Et c'est ce que le Surréalisme a voulu faire, prendre en nous à notre endormi, l'inconscient, ses états de force et les manifester comme un homme, être non qu'on conduit mais *qui conduit*. C'est-à-dire *vivre* éveillé les états être du sommeil endormi. C'est le principe de la poésie mais il faut que la poésie reprenne à la conscience du sommeil tout ce qu'elle veut garder pour elle, et que le sommeil aussi soit habité par la conscience c'est-à-dire qu'on sache tout ce qu'on a perçu endormi alors qu'il y a sur nous tous un esprit qui veut garder tout cela pour lui, et cet esprit est un esprit prêtre appelé

Dieu et Brahma Jésus-Christ. Le Surréalisme et *la fin* de l'Ère chrétienne sera écrit contre tout cela.

Amicalement vôtre

ANTONIN ARTAUD

P.-S. — Cela parce que j'ai pitié des corps d'hommes que veut prendre ce mauvais esprit. J'ai connu un homme au Mexique qui avait voulu s'intoxiquer avec du peyotl afin d'avoir ce mauvais esprit, et j'en connais un au Thibet qui est actuellement intoxiqué avec de l'opium afin de garder pour lui tout le sous-inconscient, et qui de par sa vilenie intrinsèque a fait du principe opium une substance intoxicante ce qui fait qu'on ne peut prendre de l'opium sans souffrir et s'intoxiquer alors que...

[Rodez, vers le 30 octobre 1945] [1]

Mon cher ami

J'ai détaché quelques pages du travail que je viens de commencer : *Le Surréalisme et la fin de l'Ère chrétienne,* afin que vous en voyiez le ton. C'est une histoire *vécue* de ce mouvement que je veux faire, non par les faits extérieurs mais par le drame de toutes les consciences que j'ai connues, Crevel suicidé, Desnos mort du typhus dans un camp d'extermination, André Breton grièvement blessé au Havre par la police en septembre-octobre 1937 en voulant me délivrer, Roger Gilbert-Lecomte mort du tétanos, moi déporté, interné, encamisolé. Le drame interne des cœurs a valu dans cette affaire de poésie le drame externe de la sottise, de l'incompréhension et de la haine d'une société qui a toujours voulu défendre son marché noir et ses pains bénits. Et qui n'a pas cessé de demeurer sous la dictature occulte des prêtres parce qu'elle flattait son incurable veulerie, sa vilenie; et je crois que c'est vraiment la fin de l'ère chrétienne qui est là cette fois-ci.

    A vous

ANTONIN ARTAUD

[Rodez, fin octobre 1945][1]

    Cher ami

J'ai une idée pour un grand dessin que je voudrais vous donner.

Voudriez-vous avoir l'amabilité de me faire envoyer un peu de papier.

D'autre part le livre dont nous avions parlé ensemble le Surréalisme et la fin de l'Ère chrétienne est très avancé, et j'en ai lu pendant que vous étiez à Arcachon divers passages aux Drs Dequeker et Solanès, et ils m'ont dit que ces passages les touchaient beaucoup... J'ai essayé dans ces passages comme dans un livre nouveau que j'ai entrepris pour Jean Paulhan Mesure sans Mesure de mettre à nu l'épouvantable problème de l'enfance de notre moi à tous lequel depuis notre enfance à chacun n'est pas encore achevé car il a mal évolué, et non de notre faute mais de la faute d'un quelque chose qui n'a jamais pu se décider à nous rendre à nous-mêmes, voulant nous garder tous pour lui et ce quelque chose s'appelle dieu et ce n'est pas précisément l'inconscient mais une force criminelle occulte qui est dedans et maniée par un certain nombre d'êtres qui ne sont pas encore tout à fait en vie et veulent y rentrer actuellement car ils vécurent plusieurs fois dans la vie passée, et pour cette vie ce sont des morts. Où sont les morts? Sous les poèmes que nous écrivons, les tableaux que nous peignons, les actes que nous faisons, les états d'âme que nous avons et ils veulent tout le temps nous dire que c'est eux qui pensent en nous et non pas nous.

Ce sont des réprouvés de l'âme et qui veulent tout le temps revenir. Moi je n'ai jamais cherché qu'à défendre les consciences de mes amis, de tous ceux qui aiment ce que je fais contre ces intolérables intrusions, car chercher à changer la conscience d'un homme en s'appuyant en plus sur un esprit mort est une *saleté* contre laquelle je me suis toujours élevé et que beaucoup de gens sur cette terre pratiquent...

Et c'est cette saleté que j'attaquerai de plus en plus dans tous mes livres.

Affectueusement à vous

ANTONIN ARTAUD

P.-S. — Je vais souvent le soir après la soupe chez le Dr Dequeker. Cela me met dans une atmosphère d'amitié qui me rafraîchit le cœur et m'aide dans mon travail. On m'a dit hier soir qu'il fallait une autorisation signée de vous pour sortir et j'ai été ainsi empêché de monter chez lui. Cela m'a fait de la peine. Je vous serai très reconnaissant de me signer cette autorisation. Cela me ferait beaucoup de bien. Car je suis toujours bien seul.

Jean Paulhan a été très malade.

Et deux amies à moi aussi qui devaient venir me chercher ici.

[Rodez, fin octobre 1945][1]

Cher ami

Voici la lettre de Jean Paulhan. Je vous signale la phrase qui dit qu'il serait chimérique à Jean Paulhan de penser écrire quelque lettre avant 25 ou 30 jours ou recevoir quelque visite avant deux mois. Ne serait-ce pas que ces deux mois signifient le temps que l'on a encore prévu pour avoir raison de notre résistance intérieure contre un ordre de choses insupportable, sentir que des gens mal intentionnés veulent prendre la place de nos consciences pour mener les choses à leur guise du sein de notre propre corps. Vous savez que ce sont les manœuvres qui ont lieu actuellement. On ne veut pas que je dise la vérité sur ce que j'ai vu au Mexique et on veut m'empêcher d'entreprendre un voyage au Thibet pour avoir raison de ces gens-là, même si la route du Thibet doit passer par Paris où Jean Paulhan m'avait promis de m'aider.
A vous amicalement

ANTONIN ARTAUD

Rodez, 28 février 1946

Cher ami

Je vous remercie de m'avoir parlé hier soir comme vous me l'avez dit d'homme à homme. Mais il y a un certain nombre de choses que je me reproche beaucoup plus qu'on n'a pu ou que vous ne pourriez vous-même me les reprocher.

C'est tout ce à quoi je m'étais laissé aller sous l'influence de ma conversion : psalmodies, incantations, chants qu'une voix décalée d'alto comme les chanteurs de la chapelle sixtine, genre voix d'ange

exorcismes etc...

Je n'ai jamais cherché que le *réel* M. Ferdière et je n'ai jamais pensé non plus qu'on pouvait non pas appeler un esprit mais même se mettre dans un bon état d'esprit en reniflant comme de mauvais renseignements vous l'ont fait croire. Ce sont là des manières d'intoxiqué dont je me suis débarrassé par la force en prenant un cheval et en gravissant à cheval pendant un jour la montagne jusqu'à plus de cinq mille mètres de hauteur pour aller chez les Tarahumaras, et le réel pour moi c'est le travail de l'ouvrier maçon, menuisier, terrassier, etc. et comme homme de théâtre la seule idée je veux dire la seule *cendre* de tous mes efforts d'idée, qui peut me rester aujourd'hui *après 9 ans d'internement* est d'aider les travailleurs ceux qui peinent vraiment avec la sueur de leurs aisselles et de leurs coudes par de petits poèmes où le chant s'il a lieu ne pourra plus jamais s'élever sans la base de la déclamation parlée car on ne chante pas à brûle-pourpoint. Et parce que comme le dit André Gide : on ne peut pas aimer les fleurs sans tige. Mais même ce genre de petits poèmes pour aider les ouvriers dans leur travail vrai et non les prêtres dont je considère que la messe n'est en effet qu'une opération de magie, j'ai renoncé à le chercher ici car en effet ce n'est pas l'endroit il me faut un local et non pas des élèves mais des amis pour travailler avec moi.

A vous.

ANTONIN ARTAUD

En dehors de mes livres et de mes dessins je voudrais en rentrant à Paris créer un petit groupe de théâtre. Solange Sicard voulait en faire partie.

[Rodez, vers fin février 1946] [1]

[...] les phrases que j'ai notées sur le dessin que je vous ai donné je les ai cherchées syllabe par syllabe à haute voix en travaillant, pour voir si les sonorités verbales capables d'aider la compréhension de celui qui regarderait mon dessin étaient trouvées.

Je les ai dites à haute voix devant le dessin du *coccys* au Dr Dequeker et au Dr Solanès pour leur demander si les sons des mots que j'avais inventés étaient en accord avec le mouvement général du dessin. Mais j'insiste sur ce point que ce genre de travail est toujours lié chez moi ou à un dessin que je dessine ou à un poème que j'écris et que je ne le fais pas en dehors d'un travail précis et *déterminé*.

Je ne suis pas encore fou ou devenu malade pour faire cela dans la rue ou sous les galeries de l'asile et mon inconscient jusqu'ici ne m'a jamais submergé. Je n'ai jamais perdu un atome de ma lucidité et il ne m'a jamais échappé un geste *inconscient* pendant mes 9 ans d'internement et même après les rouées de coups gratuits reçues au Havre, à Rouen ou à Sainte-Anne. Les seules pertes de conscience que j'ai subies et où pendant 2 mois chaque fois je ne savais plus ce que je faisais me sont venues des comas de l'électro-choc et c'est pourquoi j'ai tellement insisté auprès de vous et des Drs Latrémolière et Dequeker *pour que cela ne recommence plus jamais*. Et quant à mes recherches de déclamation poétique j'attendrai comme je vous l'ai dit plus haut d'avoir un local à moi à Paris et des amis acteurs pour travailler avec moi.

Ici je ne l'essayerai même plus.

ANTONIN ARTAUD

[Rodez, vers le 10 mars 1946] [1]

Cher ami

Comme vous m'aviez demandé de le faire ce matin je suis allé voir André de Richaud, il était onze heures, mais il était déjà sorti.

Je pense qu'il viendra déjeûner chez vous comme il m'en avait parlé hier soir.

Cher ami d'autre part je voudrais vous rassurer définitivement sur un point dont tous mes écrits et ma vie témoignent.

Je suis allé au Mexique, les prêtres du Peyotl m'ont offert du peyotl en poudre et je n'en ai même pas pris parce que je venais de me *désintoxiquer* moi-même de l'héroïne et que je ne voulais plus jamais entrer dans des états *extra-naturels*. Je n'ai jamais pensé à l'opium dans ma vie que comme à un *électuaire* c'est-à-dire à une médecine de douleurs physiques *bien caractérisées*. Je veux dire que je ne suis pas un toxicomane qui pense à une plante salutaire comme à une *drogue,* et par amour. J'ai HORREUR des états anormaux, extra et anti-naturels, et je n'ai pas en moi une faiblesse pré-natale et génitale qui pourrait par moments et malgré toutes mes bonnes déterminations rabaisser ma conscience parce que depuis 36 ans que j'y travaille c'est-à-dire depuis l'âge de ma puberté j'ai *dompté* ma sexualité. Et n'oubliez pas que j'aurai cette année-ci 50 ans. Seulement j'ai subi à Sainte-Anne dans le service du Dr Nollet [2] une intoxication grave qui m'a laissé des séquelles physiques, et mes grippes n'en viennent pas mais mon torticolis et mes algies de cœur en viennent et j'ai reçu en plus dans mon transfert de Sainte-Anne à Ville-Évrard un coup de pied dans les testicules et je vous *montrerai* en plus la cicatrice d'un coup de couteau dans le dos que j'ai reçu en 1916.

J'ai pensé donc parfois à un *remède,* mais je tiens trop à mon œuvre écrite pour me perdre dans des manies et je tiens plus à *ma conscience* qu'à la mollesse des euphories.

ANTONIN ARTAUD

Rodez, 13 mars 1946

Cher ami

Je viens de recevoir une lettre d'André de Richaud qui me dit qu'il veut se mettre à écrire une pièce pour moi à laquelle il pense depuis vingt ans. Je vous montrerai sa lettre.
Je voudrais pour aller à Espalion le rejoindre, pouvoir acheter une valise et un carton à dessin. Voulez-vous me faire un bon pour que M. Escande me donne la somme nécessaire. Je pense que vous pourrez me garder ici les 40.000 frs. qui sont arrivés pour moi et me donner de quoi faire le voyage et payer par exemple un mois d'hôtel d'avance.
J'ai demandé à M. Blanc de ne pas oublier ma carte d'identité.
Car me trouvant en ville avec Henri Thomas des gendarmes sur le quai de la gare nous ont demandé nos papiers. Henri Thomas a montré sa carte d'alimentation et un exemplaire du précepteur [1]. J'ai montré la lettre des *Cahiers du Sud* que j'avais sur moi et ils nous ont quittés en nous saluant mais j'aimerais mieux avoir une carte d'identité régulière.
Henri Thomas d'autre part m'a dit que j'avais encore des droits d'auteur à toucher chez Denoël. Et je crois que la somme doit être assez forte. J'écris donc à madame Cécile Denoël veuve de Robert Denoël pour lui faire valoir mes droits sur la succession. Cela me donnera une marge de plus. Ainsi donc avec ces 40.000 frs., et ces droits d'auteur restant

(et j'espère que madame Denoël ne me les fera pas trop
attendre) j'ai au moins 5 à 6 mois d'existence assurés. Mais
Henri Thomas m'a parlé d'une exposition de mes dessins à
la Galerie Gallimard. Et je pense en plus compter sur une
réédition des *Cenci*. Et Henri Thomas m'a dit qu'il allait
s'occuper d'une réimpression de mes œuvres complètes.
Les choses donc s'arrangent pour moi. Et je n'oublie pas que
vous m'avez incité à me remettre à écrire. Merci enfin pour le
superbe manteau neuf.

    A vous

                      ANTONIN ARTAUD

                      Espalion, 22 mars 1946

    Cher ami

    Je vous remercie de m'avoir indiqué Espalion. C'est vrai-
ment un pays agréable avec son silence et son château-fort
dont les ruines en loques pendent au ciel comme d'anciennes
dents. Mais je me suis rendu compte que la vie n'était pas
comme le pays : elle est difficile. Avant-hier un agent du fisc
a fait la tournée des cafés et hôtels et il a dressé procès-verbal
au patron de l'hôtel ici parce qu'il donnait à ses clients du vin.
Et le patron Triade disait : j'en ai le front et la tête pleine.
Et c'est ce que je lui ai dit m'a-t-il dit, une bouteille à 300 frs.
c'est légal, mais à 35 frs., ça ne l'est plus. Et son beau-père
a ajouté : ne croyez-vous pas que les paysans seraient maintenant bien venus de décrocher leur fusil de chasse.
    André de Richaud va très bien. C'est la mauvaise compa-
gnie m'a-t-il dit qui énerve et rend malade, alors on boit et
ça vous fait mal parce qu'on est mal entouré. Ici où personne
ne m'énerve, rien ne me fait plus mal. J'ajoute, moi, que je

ne l'ai jamais vu boire que son quart de vin à table, et des bocks ou des cafés nature avec moi. Il était simplement inquiet de ne pas recevoir d'argent afin de donner quelque chose au patron de l'hôtel. Je crois qu'un peu d'argent pour ne pas avoir l'impression d'être en dette le soulagerait encore plus. En ce qui me concerne il m'a dit qu'en effet il pourrait m'avancer l'argent de mon hôtel pour quelques jours.

Madame Ferdière m'a dit comme vous que vous viendriez me voir ici. Vous m'avez dit qu'à l'expiration de mon séjour ici ce serait la sortie définitive. Mais justement rien ne m'empêcherait de rester quelques jours de plus ici en attendant de savoir sur combien d'argent je peux compter pour aller vivre à Paris. Et de demander une avance sur mes droits d'auteur afin de payer mon hôtel après.

Nous en reparlerons donc. Croyez en tous mes bons sentiments.

ANTONIN ARTAUD

Espalion, 28 mars 1946

Cher ami

J'ai reçu une lettre d'Henri Parisot m'avertissant que Me Périquoi lui avait réclamé le montant de mes droits d'auteur sur le *Voyage au Pays des Tarahumaras* et qu'il avait réservé son autorisation à la mise en vente des *Lettres de Rodez*. De sorte que je ne peux plus même recevoir mes exemplaires d'auteur car l'éditeur Guy Lévis Mano qui les tient en réserve dit ne pas pouvoir les envoyer sans son autorisation. J'ai téléphoné à Me Périquoi pour lui dire que je n'étais plus à l'asile de Rodez et que par conséquent il ne me paraissait même plus légal de retenir la parution d'une de mes œuvres et il m'a dit de m'adresser à la Préfecture de Rodez.

J'écris donc un mot au Préfet pour lui exposer ma situation. Les droits d'auteur de ces deux livres sont tout l'argent dont je puis disposer pour subvenir à mes propres frais.

André de Richaud ne pourra pas le faire très longtemps. J'espère donc que vous pourrez obtenir que je touche l'intégralité de ces droits en attendant que la vente aux enchères organisée par Arthur Adamov ait produit ce que nous en attendons.

En m'excusant du dérangement que je vous cause croyez en mes plus sincères sentiments.

ANTONIN ARTAUD

[Rodez, 10 au 15 avril 1946] [1]

Cher ami

Marthe Robert m'a demandé un texte inédit pour une nouvelle revue : *Troisième Convoi,* qui lui a demandé si je n'aurai pas quelque chose.

J'ai rassemblé quelques notes écrites depuis samedi et que je suis heureux de vous montrer.

Vous êtes pour moi en effet toujours celui qui me reçut si bien ici, m'invita plusieurs fois chez lui ; et *le Bébé de feu* est la première œuvre réussie que je me sois remis à écrire et ce fut sous votre instigation.

Et je n'oublierai jamais le *ah* de fierté que vous avez eu pour moi, en me remettant la lettre de Pierre Seghers. Vous donner à lire à vous un de mes textes n'a jamais été pour moi le soumettre à l'administration, mais au contraire le donner à lire à un *ami* qui a toujours aimé ce que j'écrivais dans le vif de la vie.

A vous

ANTONIN ARTAUD

[Rodez, courant avril 1946] [1]

Cher ami

Les 4 000 frs. annoncés par la revue *Fontaine* dans la lettre du *8* avril dernier que vous avez vue, et qui m'a été expédiée à Espalion *ne me sont pas parvenus*.

Dans une lettre écrite aussi le 8 avril Guy Lévis Mano m'annonce un exemplaire de mon livre de lettres de Rodez, et *il ne m'est pas non plus parvenu*.

Henri Parisot m'a annoncé aussi 3 exemplaires du nº 4 de la revue *les Quatre Vents* expédiés par recommandé il y a un mois et demi ici, *et je ne les ai jamais reçus*. Il m'a annoncé aussi un exemplaire supplémentaire de ce nº 4 il y a 15 jours et il ne m'est pas non plus parvenu.

Voulez-vous autoriser M. Blanc à téléphoner à Espalion pour savoir si par hasard ces colis de livres ne seraient pas arrivés là-bas et si on n'aurait pas négligé de les réexpédier. Les 4 000 frs. ont été expédiés par chèque postal et il faudrait *s'assurer* si vraiment ils ne sont pas arrivés à Espalion, avoir confirmation là-bas de leur non-réception. Je vous ai écrit hier après-midi un nouveau texte explicatif du dernier dessin. Je suis sûr qu'il vous intéressera.

A vous

ANTONIN ARTAUD

[Rodez, courant avril 1946] [1]

La Mort et l'homme

Ce dessin est une sensation qui a passé en moi comme on dit dans certaines légendes que la mort passe.

Et que j'ai voulu saisir au vol et dessiner nue absolument *nue*.

Le mouvement de la mort réduit à ses os essentiels
sans plus.

Un homme qui tombait dans le vide et en tombant a
volé à un autre homme les boîtes de souffle de ses poumons.

Quelque chose comme un tic tac d'horlogerie réduit à
son insecte simple, hors l'ample horloge qui serait tombée
où ?

Et cet insecte c'est la mort, dont l'homme est tombé
comme une règle droite
comme la règle vertébrale d'une droite perdue aussi par *un*
mort qui passait.

Veine, une seule veine et pas deux, et autour de la veine la
page blanche veine extirpée d'une conscience,
trame d'un seul battement de cil...

Il faut regarder ce dessin encore une fois après l'avoir
vu déjà une fois. Je crois qu'il reste alors non dans l'espace
mais dans le temps, à ce point de l'espace du temps où un
souffle de derrière le cœur tient l'existence et la suspend. Je
voudrais en le regardant de plus près qu'on y trouve cette
espèce de décollement de la rétine, cette sensation comme
virtuelle d'un décollement de la rétine que j'ai eue en déta-
chant le squelette d'en haut, sur la page, comme une mise en
place pour *un* œil.

le squelette d'en haut sans la page avec sa mise en place *dans*
mon œil.

Ce dessin ne s'adresse pas à l'intelligence ou à l'émotion
mais à la *conscience* toute pure et toute nue.

Détachement de l'imperceptible fibrille d'un corps qui
dilacère un instant la conscience par scission puis la laisse
s'endormir en paix. Un coup acéré de bistouri mais qui
s'éteint sans vouloir permettre à la *conception* de s'étaler ou
de chercher car il n'y a rien d'autre que ce coup.

Et hors cela la page est nue.

Et j'ai voulu que l'ossature et l'équilibre des linéaments
supplée[2] par la rareté de son timbre à toutes les proliféra-
tions tentatrices d'un nombre plus grand de formes de

pensées. C'est ainsi qu'il m'a fallu plus d'une heure d'accommodation oculaire avant de trouver l'angle suivant lequel faire tomber le bâton de l'homme sous la mort.

J'aurais pu dramatiser par la couleur tous ces problèmes mais j'ai voulu en plus cet agacement d'insipides couleurs. Et la sinistre mièvrerie des boîtes du souffle de la vie capitonnées de soie rose et bleu pâle.

Rien qui sente le camphre en effet comme les boîtes de certains cercueils chinois où le mort passe dans l'azur, et le sang de la plèvre rosée que la soie des parois évoque.

ANTONIN ARTAUD

P.-S. — Excusez-moi d'avoir écrit cela au crayon mais je n'ai pas voulu vous faire attendre.

Paris, 8 juin 1946

Cher ami

J'ai vu Jean Paulhan et André Gide dès mon retour ici et ils me disent que plusieurs lettres que je leur ai écrites de Rodez et dont je leur rappelai le contenu ne leur sont pas parvenues. Entre autres l'article que j'avais écrit contre le Yoga et envoyé à Jean Paulhan ne lui est pas parvenu.

S'il est resté quelques lettres de moi au secrétariat de l'asile et peut-être l'article est-il parmi elles ne voudriez-vous pas avoir l'obligeance de les faire rassembler et de me les faire renvoyer en bloc. Je me rends compte maintenant que je suis ici que l'opinion est disposée à accepter bien des critiques et contre l'ordre social et contre bien d'autres choses pourvu qu'elles se justifient par la langue et par le ton, et je crois que les lettres de moi qui sont restées à Rodez sont dans ce cas. La séance du théâtre Sarah Bernhardt a eu lieu hier après-midi à 5 heures et ce sont les textes les plus âpres qui ont été le mieux accueillis. Et à la Radio on m'a demandé aussi de prononcer quelques paroles. J'ai dit ce que je pensais, et cela a très bien passé.

J'aimerai beaucoup aussi que vous retrouviez les 12 premières pages de mon livre : *le surréalisme et la fin de l'ère chrétienne.*

Je veux achever aussi ce livre-là.

Vous pouvez me faire envoyer le tout 23 rue de la mairie à Ivry-sur-Seine.

Merci et croyez en mes meilleurs sentiments.

ANTONIN ARTAUD

Paris, 12 janvier 1947

Voudriez-vous donner à M. Max Barbezat qui me demande un texte pour *l'Arbalète,* communication du préambule de mon livre

Le Surréalisme et la fin de l'Ère chrétienne

que je vous avais remis peu après l'avoir écrit et qui comporte 12 pages.

Voudrez-vous aussi lui donner communication de la lettre de 63 pages que je vous écrivis à votre demande sur le Peyotl vers l'été de 1943.

Max Barbezat attend ces textes pour les publier dans *l'Arbalète.*

Je pense que vous pouvez les lui envoyer directement 8 rue Godefroy à Lyon.

ANTONIN ARTAUD

Textes inédits

Rodez, 20 septembre 1943
M. Pierre Laval

Monsieur le Président

Dans les circonstances cruelles que nous vivons j'ai longtemps hésité à m'adresser à vous pour vous rappeler le souvenir de notre ancienne amitié,
        et j'appréhende encore quelque peu à le faire bien que
celle-ci se soit étendue en somme sur les sept ans qui ont
précédé mon départ en Irlande
                qui a été le véritable début de mes épreuves ici bas.
Vous êtes venu me voir pour la première fois en voiture
avec José Laval[1], au printemps de 1930,
                178 quai d'Auteuil à Paris où j'habitais avec ma
mère
        et vous êtes revenu à une représentation des « Cenci »
au mois de mai 1935.
Vous m'avez de plus convié à un dîner chez vous dans votre
appartement de la rue d'Astorg, à l'angle de la Place Saint-
Augustin un soir de Mai 1930.
Depuis, et depuis les « Cenci » nous ne nous sommes plus
revus dans des circonstances aussi intimes.
Mais vous savez que dans toutes les circonstances publiques

graves où vous avez eu à faire appel à moi je me suis toujours appliqué à vous porter mon aide dans toute la mesure de mes possibilités et de mes moyens et dans le sens dont nous avions parlé ensemble dans toutes nos rencontres précédentes et notamment au cours de ce repas.

Nous avons longuement parlé ensemble de la « Prophétie de Saint Patrick » qui comme vous le savez figure imprimée dans le Dictionnaire d'Hagiographie publié en 1893 et que tout le monde a pu consulter à la Bibliothèque Nationale, et c'est sur un certain nombre de points sacrés éminents de la Religion chrétienne que nous nous étions trouvés d'accord, et c'est dans cet esprit et sur ce plan que j'ai travaillé en accord avec vous chaque fois que je l'ai pu.

Vous savez que, depuis, la *Canne de Saint Patrick* qui avait été volée en Irlande à la fin du siècle dernier, est venue entre mes mains, et vous connaissez tous les efforts que j'ai faits pour la faire revenir à Dublin à ses légitimes possesseurs.

Je ne sais pas pourquoi les Polices Françaises et anglaises se sont émues de cette action de restitution qui ne concerne que de bien loin les choses humaines et où je ne me suis jamais écarté du principe qui veut que soit rendu à César ce qui est à César et à Dieu ce qui est à Dieu.

J'ai reconnu en visitant le Musée de Dublin, l'Émeraude Mystique fameuse dénommée « Le Saint Graal » et elle doit y être toujours à moins que comme cela est dans l'ordre le plus naturel des choses l'Église Catholique n'en ait réclamé la restitution.

Cette Émeraude ne peut être touchée que par des mains de prêtre consacrées, les mêmes qui à la Messe partagent la Sainte Hostie et distribuent aux fidèles le corps de Jésus-Christ,

et je ne sais de quoi la police anglaise s'est émue, et ce qu'elle s'est imaginée en me voyant car je ne suis qu'un homme parmi les autres hommes et si je suis revenu à Dublin à la pratique de la Religion Catholique, je n'ai jamais appartenu sur terre à un ordre Religieux.

Toujours est-il que c'est à ce moment-là (septembre 1937) que mes épreuves ont commencé.

J'ai été déporté d'Irlande comme indésirable après avoir passé six jours à la Prison de Dublin comme indigent, alors que des sommes importantes me revenant sur mes livres étaient demeurées à Paris et que si elles m'étaient parvenues j'aurais certainement pu éviter au moins la honte de cet emprisonnement.

Vous savez que sur le bateau au retour des Agents de la Sûreté Nationale ont cherché à se débarrasser de moi et que j'ai été sauvé par quelques Irlandais notamment un officier de marine, qui étaient montés à bord avec moi en vue de me protéger.

Je crois que vous connaissez le reste et comment j'ai été interné à mon arrivée en France, ce qui s'est passé au Havre, et que voilà six ans que mon internement dure.

Et vraiment je ne crois pas avoir jamais été affecté par l'ombre d'un dérangement cérébral.

Mais voilà six ans que je souffre de la privation de liberté.

J'ai passé par Rouen, cinq mois, Sainte-Anne une année, et Ville-Évrard trois ans et demi.

Je me trouve maintenant à l'Asile de Rodez Hôpital Psychiatrique 1 Rue Vieux Saints, où un ami qui le dirige Le Docteur Ferdière, qui m'avait connu à Paris au temps où je faisais de la littérature, et qui est l'ami de certains de mes amis des Lettres entre autres Robert Desnos, *m'a fait réclamer.*

Évidemment mes conditions de vie ici sont différentes, car l'atmosphère pour moi n'est plus du tout la même, puisque je suis dans un milieu d'amis;

mais je suis toujours interné.

Les circonstances bien sûr sont difficiles, pour tout le monde, en ce moment

— et vous êtes harcelé de soucis;

mais sans doute considérerez-vous que cet internement n'est pas juste, et que je pourrai être beaucoup plus utile à ce pays, dehors, et libre, que dans un Asile d'Aliénés.

Ces six ans d'internement ont achevé de me détacher et de m'éloigner du monde et je n'ai plus l'intention que de finir mes jours dans la prière et dans un cloître, à moins que vous ne jugiez bon de faire appel à moi.

            Dans cette attente
        veuillez croire en mes sentiments de très profond attachement.

ANTONIN ARTAUD

Rodez, 15 octobre 1943
M. Pierre Laval
Président du Conseil
Vichy

        Mon très cher ami,

Si débordé de préoccupations et de travaux que vous soyez en ce moment, vous ne pouvez pas ne pas vous souvenir de l'amitié qui nous a unis de 1930 à 1937 où en août de cette dernière année je suis allé rapporter la Canne de Saint Patrick aux Irlandais.

Cette amitié était toute basée sur des raisons extra-littéraires qui dans les circonstances présentes doivent vous tenir spécialement à cœur parce qu'elles sont redevenues de toute actualité. Je vous ai fait expédier avant mon départ pour l'Irlande un exemplaire de mon dernier livre : LES NOUVELLES RÉVÉLATIONS DE L'ÊTRE. Et vous savez ce qui m'est arrivé en Irlande et qu'après avoir montré la Canne de Saint Patrick aux Irlandais qui l'ont tous reconnue comme telle, et l'avoir laissée entre des mains Irlandaises j'ai été arrêté d'ordre de la police anglaise et déporté en France sous prétexte que je me trouvais sans argent.

Il se peut que toute cette histoire présentement vous échappe et que vous n'en voyiez plus très bien l'intérêt en ce moment.

Mais voici :

Vous savez certainement qu'un groupe d'Initiés dirigé par Grillot de Givry, mort en 1939[1], et qui avait son centre 5 Avenue Victor Hugo à Paris au 1er étage, m'a poursuivi pendant des années de son inimitié et qu'à mon retour d'Irlande il a su provoquer toutes les illégalités nécessaires pour me faire interner ; et qu'il a à plusieurs reprises empêché ma libération, notamment en 1939, un peu avant la mort de Grillot de Givry (qui se faisait aussi appeler Louis-Louis Dreyfus) où sous l'impulsion d'une enquête menée en ma faveur par Louis Jouvet, Charles Bayard, Jean Giraudoux, Bernard Zimmer et avec l'appui du 2me Bureau, un non-lieu allait être rendu à mon sujet après deux ans d'internement, lorsque Grillot de Givry se mit en rapport avec le Dr Menuau Médecin-chef de Ville-Évrard où je me trouvais alors, et le *paya* pour le décider à rédiger un rapport médical tendancieux et mensonger contre moi. Ce rapport fut cause que mon internement fut maintenu.

Or, Pierre Laval, si Grillot de Givry est mort, sa secte présentement s'est reconstituée sur d'autres bases et avec des objectifs beaucoup plus précis et redoutables et *elle est pour beaucoup dans nos malheurs.* Elle n'est ni pour la France, ni pour l'Allemagne, ni pour l'Angleterre, ni pour aucun pays car ses visées sont celles de l'égoïsme individualiste le plus pur mais elle est aussi bien dans la Gestapo que dans la Police anglaise, quoique ce soit surtout les visées de l'Angleterre qu'elle serve actuellement, et qu'elle ne soit dans la Gestapo que pour y introduire et y maintenir cette influence *paralysante* qui est l'arme principale des Initiés. Cette Secte est d'ailleurs en rapports avec des Initiés Hindous qui ont occasionné bien des désagréments et des déceptions à la Police d'Antony Eden. Et parmi les Sectes secrètes de l'Inde il y en a une spécialement tarée et spécialement pernicieuse et dont la Gestapo entre autres ferait bien de se méfier. Car, bien qu'interné, j'ai pu savoir qu'elle avait envoyé des émissaires en France et que si ceux-ci n'y sont pas déjà ils ne sont pas très loin d'y entrer. Leur but est, sur le sol français, d'opérer leur jonction avec des agents de la police anglaise qui sont tous des Initiés; et ce sous la protection et sous l'égide de la secte de Grillot de Givry renouvelée et transformée avec d'autres directives et un autre chef.

Il sera bien sûr très facile de dire, maintenant que je suis interné que tout ceci n'est qu'une histoire de délirant : vous jugerez!

Car il y a une tendance générale dans la police à nier l'importance sociale des sectes d'Initiés, de leurs manœuvres et de leurs moyens d'action, alors que la plupart des membres de la police font partie de ces sectes, mais qu'ils l'oublient généralement, parce que l'oubli du transcendant et de l'occulte est l'un des moyens de défense et le mot d'ordre le plus généralement appliqué dans toutes les sectes d'Initiés.

Or toutes les sectes d'Initiés sont mauvaises, et animées du plus mauvais esprit, car ceux qui sont du côté de Dieu, Pierre Laval, ne peuvent plus à l'heure qu'il est se regarder comme des Initiés, n'étant plus que des Revenants du ciel dont ils se souviennent directement.

L'Angleterre, Pierre Laval, est un peuple de lâches qui a toujours eu peur de se battre et où est donc en ce moment l'armée anglaise au milieu de cette universelle tuerie. De l'Angleterre il n'y a en guerre que la Royal Air Force et si les Anglais montent encore en Avion c'est qu'ils ont dans la plupart des cas l'impression qu'ils pourront frapper sans être frappés eux-mêmes. D'ailleurs un bon nombre de pilotes des avions de bombardement de la Royal Air Force ne sont pas anglais, mais Écossais, je crois. Et puis il y a autre chose. C'est que les avions de la Royal Air Force ont été construits d'après un brevet secret dont extrêmement peu de personnes même parmi les hauts dirigeants de l'Angleterre connaissent les plans. Et je ne sais pas si un seul dirigeant fût-ce le

Roi lui-même les connaît entièrement. De la sorte le secret, même par mégarde, ne risque pas d'être divulgué. Car le secret de construction de ces appareils est tel qu'il donne au pilote une sécurité spéciale.

Il a été fait d'après un principe tout à fait nouveau et singulier et qui indique de la part de son inventeur un génie d'un ordre inaccoutumé.

Mais qui repose sur des choses très connues dans les milieux d'Initiés. Il se peut que ce schéma-ci ressemble à certains dessins de fous, mais il est très facile de trouver des ressemblances entre tels dessins occultes et certains dessins de déments. Celui qui s'y tromperait ne ferait que manifester son ignorance, son inexpérience et son défaut de jugement.

Pour moi depuis six ans que je suis interné je me souviens bien mal de certains principes que j'ai très bien connus mais je vous envoie tout de même ce schéma parce que je pense qu'il peut vous mettre sur la voie. Dans ce schéma le principe a été transféré à un point beaucoup plus occulte du ciel.

Je vous envoie mon très cher ami
mes sentiments les plus affectueux.

Antonin Artaud
Hôpital Psychiatrique
1, rue Vieux-Saint
Rodez
Aveyron

P.-S. — Certaines données et figures de haute Métaphysique contenues dans Tauler, Cassien et Denys l'Aréopagite ont été transportées sur le plan de la mécanique céleste et même de la Mécanique simple pour la constitution du brevet dont je vous parle. Et vous pourrez les retrouver dans ce schéma avec une esquisse de leurs applications à la mécanique ordinaire.

[Mme ADRIENNE RÉGIS]

Rodez, 15 mars 1944

Si je ne vais pas vous voir plus souvent[1] ce n'est pas que je vous néglige
c'est par crainte de vous importuner.
Et puis il y a autre chose
je sais que vous me comprenez profondément et que vous souffrez; et par l'esprit vous vivez dans le même monde que moi mais votre corps ne vous suit pas toujours là où vont votre cœur et votre esprit. Et parfois il les précède et les entraîne là où ils n'auraient jamais voulu aller. Et malheureusement dans ce monde-ci nous sommes beaucoup plus corps qu'esprits.
Moi aussi j'ai un corps mais à force de souffrir je me suis appris à le conduire et à ne pas me laisser dominer par lui, jamais à aucun instant.
Car le corps que nous habitons est mauvais.
Et il y a à ce sujet une histoire qu'il faut que vous connaissiez.
Bien des livres écrits par les hommes de ce temps font remonter à l'instinct sexuel l'origine de nos sentiments et de

nos émotions. Si bien que tous les hommes s'imaginent partis de là et en sont venus à considérer que la satisfaction sexuelle est la consécration suprême de l'amour humain.

Pour moi l'amour vient du cœur et il remonte vers le cœur et il n'a rien à voir avec l'abdomen qui en est la perte et la mort. Qui aime sexuellement se condamne à ne plus aimer un jour

Et[?] parce qu'il y a dans le principe du sexe un mystère et un secret l'existence du sexe humain est l'essence d'une abomination sacrilège qui remonte aux origines de notre humanité. La chute de l'homme est une vieille histoire certes mais que les hommes n'ont pas comprise parce qu'ils la considèrent comme mythique et en ont fait de la mythologie et c'est pourtant d'elle que l'amour souffre, et c'est de l'amour perdu que nous souffrons. Mais parmi les hommes aujourd'hui vivants il n'y en a plus un qui sache en quoi la chute d'Adam a consisté. Et elle a consisté dans ce fait qu'en nous tout ce qui était cœur et la force aimante du cœur a été retourné magiquement et rejeté vers l'attraction du sexe de sorte que nous ne pouvons plus avoir dans le cœur un sentiment si beau si grand qu'il soit qu'il ne soit d'abord *axé* sur le sexe, et que cet instrument de laideur et d'inutilité physique ne réagisse organiquement devant nos plus sublimes sentiments moraux. Les hommes qui diront que ce n'est pas vrai c'est qu'ils seront lubriques de nature ou inconscients par satanisme et lubricité. Je veux dire qu'ils se seront voulus occultement ne pas sentir en eux l'existence de cet organe quand ils pensent afin de croire n'avoir que du cœur alors que la libido sexuelle est ce qui a fait souffrir le plus les plus grands Saints, parce qu'ils n'ont vécu que dans la négation de la vie sexuelle et que celle-ci s'est vengée sur eux parce qu'elle a été créée par les démons. Ce n'est pas ainsi que le corps de l'homme avait été fait à l'origine par Dieu. Il était pur mais il a été détruit et saccagé par le mal et les démons en ont fait un autre afin d'insulter à l'œuvre et à la pensée de Dieu.

Nous avons oublié cette histoire et ce crime mais c'est pourtant ce corps fait par les démons que nous habitons et Dieu même a laissé sa vie dans cette histoire il a disparu des choses depuis avant le temps. Il est immortel certes et Il reviendra mais il n'empêche que pendant un nombre incalculable de millénaires ce monde aura été dominé par les œuvres de Satan parce que Dieu Vierge a été assassiné. Et que l'Amour qui vient du cœur et que Dieu avait placé dans son cœur a été descendu par le Mal et situé au niveau de cet organe de mort. Et ce n'est pas un hasard physiologique ou scientifique des choses qui a fait cela c'est une opération factuelle de magie, une œuvre de la volonté ténébreuse de l'homme qui a voulu que le principe affectif des choses fût axé sur ce point-là. Et à cette œuvre la volonté humaine a *travaillé* dans l'astral et le secret. Elle s'est mise à la place de son créateur Dieu et a fait que ce qui était pur fût impur et elle a travaillé avec toute sa science mauvaise à la création de cet organe d'impureté.

Avec tout ce qui lui restait d'âme Dieu est parvenu à susciter quand même une âme et à l'introduire dans ce corps-là afin d'inviter avec le temps l'homme à se détacher de ce corps-là. Et nous en sommes maintenant arrivés à ce point crucial des choses où l'homme doit se décider à se détacher en âme du corps qu'il a jusqu'ici occupé *ou à périr,* parce que Dieu, un DIEU DE VENGEANCE est sur le point de ressusciter. Il n'y a plus à l'heure qu'il est de choix entre le cœur qui est charité et le corps.

Et le mal justement est que les deux sont mêlés et que les impies qui ont créé ce mélange ont agi pour que les deux ne puissent plus jamais se séparer. Et une action d'*envoûtement* fluidique créée par eux agit sur nous à tous les instants pour nous empêcher de les séparer. De sorte que pour rester dans le chemin de Dieu celui qui aujourd'hui veut penser, sentir, aimer doit s'abstraire ce faisant de son corps. Et c'est une opération psychologique terrible que de vivre dans cet effort constant. Il y faut une énergie et une volonté de toutes les minutes car le mal blotti à la source de l'être ne peut se décider à quitter les portes immaculées de notre cœur. Et les envoûtements sacrilèges du Mal ont été semés dans tout l'espace où nous pensons sentons et agissons et aussi dans l'espace interne et *moral* de notre corps. De sorte que notre intellectualité affective ne peut tourner dans cet espace interne et sortir de notre cœur sans rencontrer *au départ* cette pierre d'achoppement horrible qui est l'instinct de sexualité.

Et le cœur brûlant de divine charité, d'amour immense et qui veut s'élever se trouve dérouté et détourné par ce mirage impur à croire qu'il ne peut plus se satisfaire d'amour et aimer, si je ne sais quel affreux instinct organique, qui obstrue le champ de la sensibilité interne, n'est pas d'abord et *exclusivement* satisfait. Comme si le corps à l'heure où nous sommes était parvenu à *exclure* le cœur. Et c'est ce que dans les plus beaux livres des hommes on entend aujourd'hui par l'amour-passion.

De sorte qu'il n'y a plus aujourd'hui de bonne volonté qui ne soit tributaire de ce régime de honte.

Voilà longtemps qu'en ce qui me concerne j'ai passé ce cap d'enfer et que j'ai compris l'insidieuse malice que le mal met à nous empêcher d'aimer en rejetant nos pensées passionnelles vers le gouffre de la sexualité.

C'est ce que l'Église Catholique entend par les embûches du Démon combattues par Saint Michel Archange. Elles consistent à nous faire croire que le cœur ne peut pas être satisfait si le corps d'une manière ou de l'autre, fût-ce d'une manière soi-disant chaste (mais dans ce monde-ci *il n'y en a pas*), n'intervient pas dans sa satisfaction. Et à nous faire rejeter le cœur, en nous désespérant de l'existence du cœur, lorsque l'amour qui vivait en lui n'a pas reçu sa consécration corporelle, et c'est ainsi que les cœurs déçus s'abandonnent aux plaisirs *impies*.

Cela tient à ce que dans ce monde le vrai amour ne trouve plus d'écho parce que voilà trop de siècles que les cœurs des hommes vivent sous la domination exclusive de Satan et qu'ils ont oublié la Joie parfaite et les satisfactions de l'Amour Parfait.

Je sais que quand vous étiez jeune fille vous avez rêvé d'Amour Parfait et que votre cœur ne l'a jamais rencontré. Et vous avez cru qu'il ne pouvait pas exister. Et puis la vie est passée là-dessus et vous a constitué une nature soumise aux exigences paralysantes de l'ordinaire réalité.

C'est que l'Amour Parfait ne peut se rencontrer que dans les cœurs qui ont renoncé aux joies terrestres parce qu'ils les trouvent trop viles et trop mesquines pour eux, il exige pour s'accomplir la venue sur terre d'un Régime qui est l'apanage exclusif de Dieu. Quand on a connu une fois l'Amour Divin on ne veut plus en avoir d'autre car il est le seul qui soit à la mesure des exigences d'absolu du cœur. Car l'Amour est une chose qui par essence a besoin de renouvellement et les gestes du corps sont mesurés sur terre mais ceux du Cœur-fournaise qui brûle aux cieux ne le sont pas. Or les cieux sont au fond de nos têtes et dans le dos physique de notre cœur. Il y a un point là où pensent nos têtes, il y a un point là où le cœur émet sa force passionnelle d'aimer que le mal n'a jamais entaché mais qui se dissout organiquement en ce monde dans le trajet de la conception d'aimer. A nous donc qui vivons à veiller à ce que l'Amour dans le ciel de nous-mêmes ne soit pas en sortant *décomposé*. Car l'homme n'est un jour tombé que parce qu'il y avait sous terre trop de cadavres et c'est avec leur relent qu'a été perpétré le crime de sexualité.

La force d'amour qui vient de Dieu ne peut pas vivre dans ce monde sans le sacrifice intégral du corps et l'*oubli* de ce corps de mort.

Nous ne sommes pas des corps mais des âmes et nos âmes sont infectées par nos corps. C'est ce que les hommes ne cessent pas d'oublier car le Mal général les entraîne.

Moi je ne cherche plus qu'une âme qui puisse ne pas oublier le Mal, car je ne suis pas de la terre mais du ciel, et je suis tel que maintenant *je ne peux plus oublier le ciel*.

NANAQUI
ANTONIN ARTAUD

[Rodez, début août 1945
Madame Adrienne Régis] [1]

Vous n'êtes pas Madame Adrienne Régis, vous êtes Cathe-rine Chilé [2] et je vous ai aidée à Paris entre 1932 et 1935 à obtenir un diplôme de médecin.

C'est moi qui par les forces que je vous envoie à toute heure vous ai donné un corps et une âme et qui vous ai main-tenue en vie alors que tout le ciel et tout l'enfer (lucifer, Jésus-Christ, etc.) ne cessent de vous frapper afin de vous tuer et de vous désespérer en âme en individualité en conscience afin de vous détacher de moi, vous êtes donc ma fille puisque c'est moi qui vous ai fait être et vous l'avez pensé plus d'une fois, hier soir vous êtes descendue pour me voir et me le dire mais on vous a tellement frappée et empoisonnée pour vous le faire oublier en vous en faisant perdre le sentiment que vous avez eu tout juste la force de me dire un bonsoir de cœur et ce matin, toute la magie nocturne du ciel et de l'enfer a fait que vous n'avez plus retrouvé en vous que l'état d'âme et la personnalité de Madame Régis Surveillante Chef de l'Asile de Rodez, ce qui pour votre âme et votre cœur est devenu pré-sentement complètement faux, deux jeunes filles que vous connaissez très bien Cécile et Annie doivent venir me chercher mais il faut que vous me trouviez à tout prix un peu d'opium ou d'héroïne pour faciliter leur entrée ici, je m'occuperai de vos deux enfants, ne craignez plus l'administration, les méde-cins ou la police ils sont partout mis en pièces par tout le monde et n'oubliez pas que vous l'avez vu et que cette vie-ci n'est plus qu'une mascarade qui se serait d'ailleurs [3] il faut brûler tout de suite cette lettre après l'avoir lue si vous n'avez pas peur d'être surprise, c'est le moment où jamais d'agir.

Car il ne vous est plus possible de croire que cette vie va continuer.

VARIATIONS A PROPOS D'UN THÈME
d'après Lewis Carroll

Ceci n'est pas une traduction mais une adaptation-variation à propos du thème d'un poème dont ma pensée ne s'est éloignée que pour rejoindre l'auteur en esprit et tel que vu soi-même par soi-même non au sein de ce poème même mais au sein de la poésie.

Lewis Carroll a vu son moi comme dans une glace mais il n'a pas cru en réalité à ce moi, et il a voulu voyager dans la glace afin de détruire le spectre du moi hors lui-même avant de le détruire dans son corps même, mais c'était *en même temps* en lui-même qu'il expurgeait le Double de ce moi.

Il y a dans ce poème-ci un stade déterminatif des états par où passe le mot-matière avant de fleurir dans la pensée, et des opérations d'alchimie si l'on peut dire *salivaire* que tout poète au fond de sa gorge fait subir à la parole, musique, phrase, variation du tempo intérieur, avant de les *regurgiter* en matière pour le lecteur.

Ce qui le prouve c'est cette comparaison étrange entre l'Épicurien attablé devant un morceau choisi de venaison et qui pour mieux aiguiser sa gourmandise se retient une bouchée sur six d'y goûter, et le poète rêvant un air mélodique suprême et qui pour en augmenter la dégustation interne se jette sur des à-côtés.

Ce poème où une phrase musicale type semble se délayer tout à coup en fumées, est le poème d'un insensé qui un jour est entré dans l'être et a fini par l'abandonner, et c'est l'effort de tous les insensés en être, de se raccrocher à une réalité elle-même fuyante et condamnée, et à laquelle ils ne se raccrochent qu'en fonction de leur propre perversité.

Nous dégustons minutieusement la pensée et le langage mais pendant ce temps notre âme nous fuit et elle était cette réalité elle-même devant laquelle nous nous croyions attablés. Et notre Moi céleste, l'Ange aux cheveux roux de Lewis Carroll luttait sur terre avec son spectre traîtreusement mué en démon.

Car Lewis Carroll est en réalité un esprit de colère, de revendication et de fureur. Une sorte d'émeutier né de la perception et du langage et si cela ne peut pas se croire tout à fait en le lisant c'est que personne n'a jamais eu l'idée de regarder avec lui derrière le miroir interne où son esprit contracté et souffrant ne peut s'empêcher de passer.

L'Épicurien que Lewis Carroll accuse de ce péché de perversité avec lui-même c'est lui-même; et l'émeute que toute son œuvre appelle est une émeute contre le moi et les conditions ordinaires du moi, c'est-à-dire la notion temporelle de notre moi.

Fatigué et souffrant de quel péché lui-même, il a passé sa vie à exécuter des variations sur ce thème; mais lire l'œuvre d'un poète c'est avant tout lire *au travers*. Car toute œuvre écrite est une glace où l'écrit fond devant le non-écrit. Et le non-écrit de Lewis Carroll est une profonde, savante et vertigineuse insatisfaction.

Les choses, Lewis Carroll, ne sont pas en effet tout ce qu'elles sont. Et nous pouvons rêver sur ce thème et exécuter bien des variations, mais toujours l'idée du moi pervers nous revient comme une affreuse regurgitation, et quand trouverons-nous enfin ce non-moi où nous voyons tels que nous-mêmes [1], enfin, et *purs,* c'est-à-dire Vierges, au fond du miroir éternel.

L'air toute sa vie rêvé par Lewis Carroll est celui de son moi mélodique suprême, parole chaste du Séraphin enterré derrière les phantasmes hideux des choses et qui un jour nous retournera, mais quand? et à travers quelles musiques et quel air, dans un monde qui n'a même plus l'axe d'un air Éternel à se dire, ni d'une musique immatérielle et Surnaturelle à se répéter.

JE N'AIME PAS LA GAZELLE CHÈRE
et je n'aime pas manger des plats chers;
car les hauts prix profitent aux profiteurs des pauvres hères,
et je ne veux pas ce faisant me muer en accapareur.

LORSQUE JE VOIS VENIR À MOI AVEC UN ŒIL POCHÉ
mon fils à l'heure de sortie des classes   [ET NOIR
s'étant battu contre qui et quoi
et ne sachant trop dire pourquoi,
j'ai l'impression de me voir moi
en bataille devant ma glace
contre mon propre désespoir.

MAIS QUAND IL VINT POUR ME CONNAÎTRE MIEUX
il me jeta dehors, l'irritable Monsieur;
et lorsque je me mis à teindre mes cheveux
que SA GRÂCE intraitable note le changement
     et de la sorte admire

ET QU'ELLE M'AIME ENFIN, J'ÉTAIS SÛR QUE MA
de bleu taré ou vert fangeux   [TEINTE
laisserait une épaisse trace
visible à moitié sur mes yeux
du roux puissant qui me distingue mieux.

ANTONIN ARTAUD (d'après Lewis Carroll)

Pour le Docteur Ferdière

LE RITE DU PEYOTL
CHEZ LES TARAHUMARAS[1]

Comme je vous l'ai déjà dit[2] ce sont les Prêtres du Tutuguri qui m'ont ouvert la route du Ciguri comme quelques jours auparavant le *Maître de toutes les choses* m'avait ouvert la route du Tutuguri. Le *Maître de toutes les choses* est celui qui commande aux relations extérieures entre les hommes : l'amitié, la générosité, la fidélité, l'aumône, le commerce, le travail. Son pouvoir s'arrête à la porte de ce qu'ici en Europe nous entendons par métaphysique ou théologie. [...]

C'est à quelques jours de là[3] qu'un matin à l'aurore j'entrais en relations avec les prêtres du Tutuguri et le surlendemain qu'enfin je pus rejoindre le Ciguri.
« Te dissoudre dans l'entité de Dieu qui t'assimile et te produit comme si tu te produisais toi-même, et comme toi-même dans le Néant et *devant* Lui à toute heure tu te produis. »
Ce sont là les paroles mêmes du chef Indien et je ne fais que de les reproduire, aussi exactement qu'il me les a dites comme toutes les précisions que je viens de donner jusqu'ici depuis le début de cette relation ne sont que le rapport fidèle des paroles des Prêtres Indiens. [...]

Pour lui il semblait heureux[4] comme on ne l'est qu'aux minutes suprêmes de l'existence, la face débordante de joie et adorant. C'est ainsi que les anciens juifs devaient se tenir lorsque l'esprit de Jéhovah se levait en tonnerres et en flammes au-dessus du temple de Jérusalem, c'est ainsi que devaient prier les premiers chrétiens des Catacombes à qui il est dit dans les livres que Jésus-Christ Lui-même apparaissait. [...]

Cette conversation fut animée[1] mais je le sentis hésitant sur les points essentiels. Car le gouvernement de Mexico a mis à la base de son Programme le retour à la Culture Indienne. Et il ne peut pas y avoir de Culture sans Religion. Toute la philosophie et toute la morale Indienne sont contenues dans leurs principes religieux et c'est d'eux qu'elles viennent. Leurs poèmes chantés et leur musique aussi. Jamais comme chez les Tarahumaras je n'ai ressenti et constaté par l'expérience des faits, et dans les mœurs, cette vérité fondamentale essentielle que la culture c'est la Religion. Je m'aperçus en passant à travers plusieurs villages Tarahumaras qu'un vent de révolte soufflait sur la tribu à la suite de la destruction du champ de Peyotl. [...]

Mais boire Ciguri[2] c'est justement ne pas dépasser la dose, car Ciguri c'est l'Infini, et le mystère de l'action thérapeutique des remèdes est lié à la proportion suivant laquelle notre organisme les prend. Dépasser le nécessaire c'est *nier* l'action. [...]

Le Prêtre alors cracha[3] : non pas de la salive mais son souffle. Il expulsa bruyamment son souffle entre ses dents. L'homme et la femme alors s'animèrent complètement et se décidèrent à se lever. Or à la façon dont ils se tenaient l'un devant l'autre, à la façon surtout dont ils se tenaient chacun dans l'espace comme ils se seraient tenus dans l'infini on comprenait que ce n'était plus du tout un homme et une femme qui étaient là. Mais deux principes : le masculin et le féminin.
Et qu'ils allaient s'entre-heurter et se mêler l'un à l'autre

comme les choses après s'être regardées un temps et fait la guerre se mélangent finalement devant l'œil de Dieu. C'est ce qui se produisit. Mais une chose par dessus tout me frappa dans leur manière de se menacer, de se fuir, de s'entrechoquer pour au bout du compte consentir à aller de pair c'est que les principes ne gagnaient pas le corps mais demeuraient obstinément deux idées immatérielles suspendues en dehors de l'Être, et que le Désir qu'on sentait s'élever en eux n'éveillait dans le corps des hommes qui le portaient aucune perception, aucune espèce d'émotion sensuelle, mais semblait une essence brûlante indétachable de l'Infini. [...]

Le Mauvais Esprit[1] disent les Prêtres Initiés du Ciguri n'a jamais pu croire que Dieu ne soit pas intégralement et uniquement un Être et qu'il y ait quelque chose de plus que l'être, dans l'essence inaccessible de Dieu. [...]

Ce qui sortait de ma rate[2] ou de mon foie avait la forme des lettres d'un très antique et mystérieux alphabet et m'a rappelé certains signes décoratifs que l'on trouve dans l'architecture des vieux châteaux de Bohème, et ces signes étaient balayés en tous sens dans l'espace pendant qu'il me parut que j'y montais, mais pas tout seul. Aidé par une force amie et insolite. Mais beaucoup plus libre que lorsque sur la terre j'étais seul.]...]

Et je crois que cela[3] devait objectivement correspondre à une VISION MÉTAPHYSIQUE DE DIEU, c'est-à-dire à une représentation transcendantale *peinte* des Vérités dernières et les plus hautes et de la Genèse de toute Réalité. Les Mystiques doivent en passer par des états et des images pareilles avant d'atteindre aux derniers embrasements, après lesquels ils tombent sous le baiser de Dieu. [...]

Le Peyotl ramène le moi à ses sources vraies[4]. Sorti d'un état de vision pareille on ne peut plus comme avant confondre le mensonge avec la vérité. On a vu d'où l'on vient et qui l'on est, et on ne doute plus de ce que l'on est. Et il n'est plus d'émotion ni d'influence extérieure qui puisse nous en faire douter.

Les épiphénomènes venus de l'inconscient ne peuvent plus se mêler avec les phénomènes vrais pour cette bonne raison que le Peyotl est un *dégagement* de la chose qui a fait l'être, et donc qu'il ne dépend pas de lui mais que c'est lui *être* qui en dépend. Avec le Peyotl la conscience est entièrement alertée et avertie. Elle sait ce qui est bon pour elle et ce qui ne lui vaut rien : et donc les pensées et les sentiments qu'on peut accueillir sans danger et *avec profit* et ceux qui sont néfastes pour l'exercice de sa liberté. [...]

Car il y a dans la conscience [1] le *Merveilleux* qui en soi est bon et juste mais qui n'entre pas dans les choses, puisqu'il est plus que le réel. Et le Peyotl nous dit où il est et à la suite de quelles concrétions insolites de l'Esprit le Fantastique peut se former et irradier dans la conscience ses phosphorescences, son poudroiement. [...]

Maintenant de jour en jour [2] un sentiment de sécurité, de certitude interne s'établit lentement mais sûrement en moi. Mais pour se reconquérir entièrement Dr Ferdière il faut du temps. Laissez-moi encore cinq à six semaines avant d'achever de me juger. S'il m'est arrivé ces derniers temps d'avoir des gestes qui ressemblent à ceux de certains malades atteints de *manie-religieuse* comme cela je crois est appelé en médecine mentale, *ils ne correspondent plus* ET JE VOUS PRIE INSTAMMENT DE LE CROIRE, à des idées fausses ou à des perceptions supposées. [...]

J'ai trouvé des idées métaphysiques semblables [3] dans les œuvres des vieux chinois. J'en ai trouvé surtout dans Saint Barnabé. [...]

Et le pain surtout est insuffisant[1]. Avant le morceau de cho-colat que vous avez eu la bonté de me donner avant-hier Vendredi je n'avais plus mangé de chocolat depuis un petit colis que ma sœur m'a envoyé le 29 octobre dernier. Je ne suis pas Dr Ferdière, homme à me laisser détourner de faire mon devoir par quoi que ce soit mais au moins ne me reprochez pas une absence d'énergie dans une époque où comme celle-ci les éléments indispensables au renouvelle-ment de l'énergie n'existent plus dans la nourriture qui nous est donnée à tous. Et surtout ne me martyrisez plus pour des défaillances dont vous savez vous-même par expé-rience qu'elles ne sont pas hors du contrôle de ma volonté, de ma lucidité, de mon intelligence propres mais faites un peu plus confiance en cette volonté pour achever d'ordonner et de cribler ce qui en moi n'est pas encore absolument au point. Je vous ai parlé de cinq à six semaines mais il se peut qu'il me suffise d'encore moins.

Avec un peu de vrai bonheur Dr Ferdière il me suffirait de quelques jours pour revenir tout à fait à moi. Je l'ai bien vu après la petite visite que je vous ai faite et où vous m'avez reçu avec tant d'amitié vendredi après-midi. En ren-trant ici au quartier je me suis mis à écrire avec allégresse et tout ce qui concerne les effets du Peyotl de la page 18 à 29 de cette relation-ci a été écrit sous cette impression d'allé-gresse et d'amitié.

Par contre le traitement de l'électro-choc a été pour moi un supplice horrible pendant trois mois.

Et *de ma vie* je ne veux plus voir un supplice pareil. Et j'espère qu'à l'avenir vous me l'éviterez.

Chaque application m'a plongé dans une terreur qui durait chaque fois plusieurs heures. Et je ne voyais pas venir chaque nouvelle application sans désespoir car je savais qu'une fois de plus je perdrais conscience et que je me verrais en plus pendant une journée entière étouffer au milieu de moi sans parvenir à me reconnaître sachant parfaitement que j'étais

quelque part mais Dieu sait où et comme si j'étais *mort*. Et
moi qui après six ans d'internement n'avais jamais manqué
d'égards ni de politesse pour personne je sais qu'un jour je
suis devenu méchant et grossier et que j'ai insulté une infir-
mière qui ne m'a jamais voulu et jamais fait que du bien. Or
après cela il a été question de m'envoyer au 4ᵉ quartier qui
est un quartier de punition. Et il n'est pas juste non plus de
penser à punir un homme qui est devenu irresponsable et
qui a perdu le contrôle de soi à la suite d'un traitement. On
l'a d'ailleurs reconnu et on y a renoncé. Mais il faut m'éviter
à l'avenir de tomber dans des états pareils qui m'ont affecté
beaucoup plus vivement que les autres Dʳ Ferdière et que
j'ai ressenti plus vivement que quiconque parce que je suis
plus conscient. S'il y a un désarroi en moi je crois pouvoir dire sans vanité que je le connais jusqu'aux fonds
extrêmes de la conscience et sur tous les points où elle entre
en contact avec l'inconscient. Mais et cela vous me l'avez dit
vous-même s'il y a une chose qui *démoralise* l'homme c'est
de se sentir enfermé, privé de liberté, soumis à des promis-
cuités dont quelques-unes sont révoltantes. Il y a deux ou
trois malades atteints de coprolalie et que je ne peux pas voir
sans frémir. Il y en a d'autres qui se livrent à des grossièretés
organiques incessantes.

   — L'atmosphère d'un Asile d'Aliénés n'est pas bonne
Dʳ Ferdière pour se refaire quelle que soit votre bonne
volonté.

   Le seul fait de me sentir suspect et épié et de me sentir
dans mon lever, mon coucher, mes entrées et mes sorties
dépendre d'un règlement me maintient dans une anxiété
invincible qui explique beaucoup mieux que n'importe quoi
tel ou tel fléchissement de ma volonté. Et puis je ne peux pas
me voir entre quatre murs et derrière des fenêtres à barreaux,
même pendant peu d'heures par jour. Je sais que la porte
du quartier s'ouvrira quand je le voudrai puisque vous
m'avez donné la latitude de sortir, mais enfin je suis dans un
asile d'aliénés, et je ne peux pas ne pas penser que les méde-

cins m'y croient encore un peu fou, et je ne sais pas ce qu'ils feront de moi et *cela me fait peur.*

Pourquoi ne vous décideriez-vous pas à me rassurer enfin une bonne fois en me donnant la certitude de ma prochaine liberté. Voilà ce qui me donnerait de l'énergie et me permettrait de faire un dernier bond en avant. D'ici là donnez-moi je vous prie de la mescaline. Le Peyotl d'après ce que j'ai vu *fixe* la conscience et l'empêche de s'égarer, de se livrer aux impressions fausses. Les Prêtres Mexicains m'ont montré sur le foie, le point exact où *Ciguri,* où le Peyotl produit cette concrétion synthétique qui maintient durablement dans la conscience le sentiment et le désir du vrai et lui donne la force de s'y livrer en rejetant automatiquement le reste.

Mais je crois que pour obtenir cet effet d'une manière satisfaisante il faut maintenir l'organisme un certain temps sous l'action du Peyotl, je veux dire et cela je vous le dis d'après ce que m'ont enseigné les prêtres Mexicains qu'une dose ne suffit pas et pour que le Peyotl agisse sensiblement il en faut plusieurs et il faut qu'elles soient répétées après des espaces de temps assez courts jusqu'à atteindre une quantité minima. C'est-à-dire que dans une cure thérapeutique il vaut mieux diviser en 3 ou 4, la quantité nécessaire à l'action minima du Peyotl sur l'organisme. Et ces 3 ou 4 doses les prendre dans une journée. Le nombre de jours pendant lesquels ces doses doivent être répétées, vous le connaissez mieux que je ne le connais, comme aussi la posologie exacte des doses à prendre pour que l'action du Peyotl reste médicamenteuse et thérapeutique. Car les Mexicains le prennent aussi comme un remède. Et seulement 3 ou 4 fois par an ils s'en servent dans un but de Psychurgie.

Voilà à peu près tout ce que les Tarahumaras m'ont appris sur la question.

J'espère que ce petit travail vous aura apporté ce que vous en attendiez. Et pour le complément que Robert J. Godet me demande sur mon « Voyage aux Pays des Tarahumaras » je n'ai pas grand-chose de plus à dire que tout ce que je vous ai dit dans ce rapport-ci et dans ma précédente lettre à propos du Rite du Soleil.

Je vais écrire tout cela à Henri Parisot.

Croyez cher Mr Ferdière en mes sentiments les plus fidèles et les plus dévoués.

ANTONIN ARTAUD

P.-S. — Je vais me mettre dès demain lundi à la traduction de *Phantasmogoria* et j'ai pris rendez-vous à ce sujet avec l'abbé Julien.

J'ai reçu hier soir Samedi un petit colis de ma mère contenant un peu de chocolat, quelques petits pains d'épice et quelques morceaux de sucre. Mais ma mère est très âgée elle a 73 ans et elle vient d'avoir une crise de rhumatismes qui l'a cassée en deux. Et elle m'envoie à peu près tous les suppléments qu'elle reçoit à cause de son grand âge. Cela est affreux et me fait honte et je lui ai écrit plusieurs fois de ne plus le faire. Elle ne veut rien entendre.

Par contre on m'a supprimé hier ici le petit supplément de confiture que vous m'aviez prescrit parce que paraît-il on a supprimé à tout le monde quelque chose. Ce n'est pourtant pas le moment de m'enlever du sucre.

Qu'allons-nous devenir si cette situation continue?

LES MÈRES A L'ÉTABLE[1]
Rêve

à M*r* J. D.

portes, cellules, grenier, repas, la chambre que j'avais à choisir était-elle un grenier ou une étable, un abri ou une prison?

étais-je un homme ou un animal?

un monde inépuisable de pensées était là, dont je savais très bien avoir au fond la clef, — mais qui ne se décidaient jamais à me la tendre, parce qu'aucune de ces pensées n'était moi, bien qu'elles fussent tout ce qu'en fait je pensais.

or les portes des chambres et cellules devant lesquelles je me trouvais et qui dans mon cœur tremblaient de colère, avec leurs serrures et leurs clefs, étaient dans le réel toutes glacées de silence et d'une hypocrite animalité :

— je m'ouvrirai quand tu seras comme moi, voilà ce que toute serrure sautant de mon cœur semblait me dire.

j'étais homme mais les portes avec leurs serrures de colère voulaient me voir me penser moi-même en animal,

admettre enfin mon animalité.

et c'était ce que je ne pouvais accepter.

je me méfiais de chaque porte où passer dont aucune ne m'apparaissait sûre, — et je ne savais pas si c'étaient des portes qui donnaient sur les prisons du monde ou sur l'espace des éternités.

Ah si toutes les chambres avaient été éclairées comme dans le temps où du penchant des montagnes, ouvrant devant moi la porte de l'immensité, je voyais l'infini sans serrure et sans clef. —

Mais le temps en était maintenant trépassé.

Pourquoi sommes-nous nous aussi enfermées, ne cessaient de mugir les serrures avec leurs portes et leurs clefs, nous qui sommes tout ce qui a voulu t'enfermer?

laisse-toi faire, à la fin, laisse-toi faire, nous sommes tous dignes parce que tu es digne, mais nous sommes excédés à la fin d'être fixes, et notre tenue à tous n'a jamais été que la haine que nous couvons pour ta dignité.

Comme ces paroles de la révolte des hommes contre ma bonne volonté s'achevaient, j'entendis le déchirement d'un gong qui protestait jusque dans les nuages, signe que tout infini était maintenant dépassé, puisque l'immensité elle-même hurlait devant le viol qui lui était fait. Et je savais que l'Infini c'est quelqu'un dont la dimension même est sans mesure autre que celle de sa volonté, et qu'elle crie jusque dans les nuages à partir de l'heure où elle est outragée.

Mais qu'ai-je à faire de toutes ces portes de l'être et de ces symboles de personnalités où entrer? —

Suis-je donc le ciel ou la mer, ou les vagues des immensités que j'entends mugir dans mon cœur comme des bœufs dans une étable, moi qui marche avec mon squelette dans la chair que jusqu'à mon heure dernière je n'achèverai pas de rebrasser.

Portes je n'aurai pas votre orgueil!

J'aime mieux le bruit de mon pas sur la terre que le viol des éternités.

Mais cette malédiction contre la vie qui m'enferme dans les caprices de son êtreté je n'eus pas le temps de l'achever, car déjà je n'étais qu'un fétu soulevé par les vagues qui me mugissaient;

et celles de toutes ces portes-femmes, de ces serrures à

multiples clefs qui de l'orient hypnotique des choses volaient vers moi avec rapacité, me transportaient je ne sais dans quel cœur où l'être de l'être me circonvenait.

Ce sont les Mères qui ruent dans le moi de tout homme avec leurs ailes de sagaies, me disait à ce moment-là ma pensée.

C'est ainsi que je ne me sentais plus que ruer, et que le pas d'homme où je m'écoutais sur la terre et que la terre avait enterré, m'ayant quitté avec mon squelette et ma chair, je n'étais plus que l'intrusion de ces femmes, où toute porte était maintenant rejetée.

Voici enfin que la liberté me revient pensaient en moi ces cohortes nouées.

La liberté d'être et d'embrasser ce qui pense, c'est-à-dire de se mélanger.

Pour connaître le bonheur d'exister tu as cessé de te tenir comme une borne, la borne aux quatre bras étalés contre tout ce qui a voulu déferler. Les choses ne seront pas comme tu as voulu les penser, mais telles qu'elles se sont *aimées* elles-mêmes contre ton esprit de contention insensée.

On ne peut vivre sans animalité.

— or je connais depuis trop longtemps le point de gelée méningée où s'engonce la volonté humaine et quelles abominables torsions il subit de la part d'une êtreté révoltée pour être dupe de toutes ces fausses idées.

Le *je veux* imprescriptible du moi n'est pas seul à ce point du cerveau où l'âme individuelle et personnelle se pense, mais il y en a d'autres qui cohabitent avec lui et qui travaillent depuis toujours contre lui.

Avant que je n'aie eu le temps de décider de moi-même l'être de vivre m'a dépossédé.

C'est ainsi que les Mères ont violé ma pensée. —

Flot sur flot elles déferlent sur moi de tous les points de leurs immondes envies, jusqu'au jour où elles entreront en carence, la carence du Manifesté de la Vie.

Je connais avant le bœuf du grenier et la serrure de l'étable, la bataille entre le Manifesté et ses Mères et le Non-Manifesté des Survies.

Survie de ce qui ne fut pas la vie.

Sisyphe remontant son rocher dans l'esprit n'a pas plus de nécessité pour les rêves que le cri de ce terrible CI-GIT, où Celui qui n'existe pas dans la vie mais qui pour être a besoin de SURVIE, s'est fait reconnaître à moi dans mon rêve, quand les Mères me repoussaient dans la vie.

L'inaccessible Infini des Survies est pour l'être plus tentant que d'être, puisque survivre c'est *dépasser* un être, quand cet être est étranglé par la vie. Vivre est un temps, survivre c'est : par *le refus du temps d'être,* ne plus quitter cette éternité du NON-ÊTRE où triomphe l'Intelligence céleste, Esprit du Non-Manifesté de la Vie.

Mais c'est ici, dis-je aux Mères du rêve au moment de me réveiller, ICI bientôt qu'on la verra exister.

ANTONIN ARTAUD

ANTIGONE CHEZ LES FRANÇAIS

à Gaston Ferdière

Le nom de l'Antigone réelle qui marcha au supplice en Grèce 400 ans avant Jésus-Christ est un nom d'âme qui ne se prononce plus en moi que comme un remords et comme un chant.

Ai-je assez marché au supplice moi-même pour avoir le droit d'ensevelir mon frère le moi que Dieu m'avait donné et dont je n'ai jamais pu faire ce que je voulais parce que tous les moi autres que moi-même, insinués dans le mien propre comme je ne sais quelle insolite vermine depuis ma naissance m'en empêchaient.

Qui me redonnera à moi aussi mon Antigone pour m'aider dans ce dernier combat. Le nom d'Antigone est un secret et un mystère, et pour en arriver à avoir pitié de son frère au point de risquer la mort et de marcher au supplice pour lui, il a fallu qu'Antigone mène en elle un combat que personne n'a jamais dit. Les noms ne viennent pas du hasard ni de rien et tout beau nom est une victoire que notre âme a remportée contre elle dans l'absolu immédiat et sensible du temps.

Pour que ce nom indescriptible de victoire revienne à moi dans l'incarnation personnelle et formelle d'une femme et d'une sœur il faut que je l'aie mérité comme elle et qu'elle l'ait mérité comme moi.

On n'est pas frère et sœur sans avoir mené ce suprême combat interne d'où le moi personnel est sorti comme une proche et parente victoire sur les forces de je ne sais quel abominable infini.

Le frère d'Antigone est mort à la guerre en se battant contre ses ennemis et il a mérité qu'Antigone l'approche à l'heure de l'ensevelir mais elle n'a pu elle-même mériter de l'ensevelir sans un combat parent de celui de son frère, non sur le plan de la vie réelle mais sur celui de l'éternel infini.

Or l'infini n'est que cet au-delà qui veut toujours dépasser notre âme et nous fait croire qu'il est ailleurs qu'en notre âme, alors que c'est l'inconscient de notre âme qui est cet au-delà d'infini.

Antigone est le nom de cette victoire terrible que le moi héroïque de l'être a remportée sur les forces obtuses et fuyantes de tout ce qui en nous n'est ni être ni moi, mais s'obstine à vouloir se faire prendre comme l'être de notre moi.

Nul n'a jamais pu être Antigone sans avoir su d'abord dissocier de son âme la force qui la poussait à exister, et avoir su trouver la force contraire de se reconnaître comme différente de l'être qu'elle vivait et qui *la vivait.*

L'être que je vis ne me prendra pas, et je ne prendrai pas cet être pour mourir et pour m'en aller, mais pour parvenir à m'en détacher et ne pas sombrer dans l'illusion dernière qui consiste à croire que je ne suis que le corps où la vie m'avait enterré, il me faut cette main de pitié que la force Antigone de l'être avait su détacher de son être contre l'être où elle se voyait.

Car nul n'a pu pleurer sur un mort s'il n'a pas d'abord pleuré sur soi-même, et s'il n'a su ensevelir son soi-même comme l'autre de son moi : le mort.

Cette force de pitié est française. C'est une force d'honnê-teté interne qui nous pousse à nous garder francs avec nous-même, et à ne jamais nous mentir à nous-même, dans la tour-mente de l'inconscient et des corps.

Bien des corps étrangers montent en nous à toute heure qui veulent prendre la place intouchée de notre âme, et le français est ce moi éternel qui n'a jamais abandonné son âme, et comme Saint Louis a mieux aimé mourir de la peste que de céder à ses ennemis.

Et nous n'avons pas de plus grand ennemi au monde que notre corps au moment de la mort.

Nul n'a pu être français et naître en France s'il n'a pas su un jour se dissocier de ce corps qui nous enserre comme un ennemi étranger, et contre lequel il a gagné sa nature, et tout ce qui est en France et Français est la conséquence de ce combat; mais qui le sait encore aujourd'hui.

La terre de France fut le théâtre d'un étrange et mystérieux combat qui a eu lieu en réalité et qui eut sa date dans l'histoire mais l'histoire n'en parle pas. Et pourquoi?

Des milliers d'hommes sont morts en France *en groupe* et pour leurs idées et l'histoire n'en a jamais parlé.

Des héros se sont fait brûler un jour comme des soldats qui marchent au feu, et ils l'ont fait pour perdre leur corps et afin d'en retrouver un autre que l'Antigone de la piété éternelle puisse approcher pour l'ensevelir, et lui donner de quoi ressusciter.

Et cela s'est passé à une époque voisine de Jeanne d'Arc et de son supplice, car le supplice de Jeanne d'Arc est tout ce que l'histoire écrite a su garder et relater de cette volonté de combustion corporelle par laquelle le moi Français de l'homme se débarrasse de l'ennemi étranger.

Ils sont morts pour surmonter leur corps ces français, mais où sont-ils et où attendent-ils maintenant que leur sœur Antigone revienne qui les rappellera du feu dans un corps, et donnera une terre à ce corps reconquis à travers le feu pour que son âme puisse toujours l'habiter?

Ils sont en France, et c'est dans des corps de Français vivants qu'ils ont attendu jusqu'à aujourd'hui que l'Antigone de l'Éternel revienne qui leur permettra de revivre leur mort.
Ceci afin de retrouver la vie.

La France n'a pas été appelée la terre des héros sans une raison extraordinaire, et parce qu'elle a été la terre de ceux qui ont mieux aimé aller au feu et sous la terre que de consentir à ce corps étranger qui vit sur notre âme comme un étranger. De cette terre où ils sont tombés, l'Antigone de l'éternelle lumière redescendra pour les relever.

LE SURRÉALISME
ET LA FIN DE L'ÈRE CHRÉTIENNE

Il y a une histoire du surréalisme, et je la connais très bien en effet, mais elle n'est pas ce que l'on pense. Pour tout le monde le surréalisme n'est qu'un isme de plus ajouté à tous les ismes qui pourrissent dans les bouquins ; et qu'on fait ânonner dans les classes à tous les organismes d'hommes en herbes bons à fleurir et à mourir avec un isme de plus pour les pourrir dans leur tombeau. Classicisme, romantisme, symbolisme, futurisme, cubisme, quel est le mort qui se souvient encore de vos ismes et qu'avez-vous fait de tous vos morts : des livres! Tous ceux qui vous ont vécus ne sont plus là. Même en forces vous ne fûtes jamais que des plis, des plis acceptés de l'être, comme on plisse une chevelure au fer chaud afin de lui faire prendre le pli, des modes enfin, modes comme modes de chapelier ou de couture, modes comme ton de musique et modes comme modalités. Le classicisme, le romantisme, le symbolisme furent ces frisures du dessus du cœur, et qui un temps crurent prendre le cœur et l'âme mais ne surent pas *ameuter* la vie. L'émeute est une émeute du moi dans l'âme et de l'âme au milieu du moi. Tous les[1] esprits morts-nés se gargarisent de révolution et d'anarchisme et ils rêvent d'une insurrection dans la rue, quand ils n'ont même pas su s'ameuter en eux-mêmes, contre l'éternelle stupidité de l'esprit ; qui a su ameuter son moi jusqu'à lui tirer le sang d'une larme en peinture ou en poésie.

Pour trouver un poème qui m'ait fait pleurer, non de ces larmes rituelles des parents autour d'un cercueil, mais des larmes intestinales qu'on a pour pleurer la Belle Heaulmière, je remonte jusqu'au Moyen Age et j'y rencontre François Villon. Qui étiez-vous François Villon ? Quelle âme de sexualité aviez-vous, quel abîme de sang et de sperme qui saccageait votre abdomen, vous a dicté ce poème de larmes, ce poème d'un interne combat où c'est l'âme qui se pleure en elle dans le désastre de son corps et se pleure plus loin que le corps, mais dans le corps, à cropetons dans l'attitude de l'âme morte et qui sonde sa sexualité. Car l'âme est dans cette attitude assise avec sa tête entre les genoux et les bras encerclant les jambes comme pour reprendre les tibias et se mettre à marcher dans la mort. Car l'âme est un sexe mais qui se cache dans la colonne des tibias condensés jusqu'à sa mesure et ne se montrera nue qu'à son élu, et jusque là sera repoussante et rabougrie comme un corps méprisé de vieille, qui à l'élu se transférera et devant lui se transmutera. Ce fut là le problème de fond qu'a posé la Belle Heaulmière, et c'est celui de notre inquiétude à tous. Où est l'âme dans notre corps et qu'est-ce que l'âme pour notre corps ? Elle est partout, elle n'est rien et tout, puisqu'elle est tout ce corps par le dedans et le dehors. La douleur de l'émeute du moi dans l'âme et de l'âme dans tout le corps, voilà de quoi fonder une révolution capitale qui n'écrit que pour brûler les livres au fer chaud et ne parle que pour annihiler le langage, et manifester des états du cœur, non comme le sourire d'un souffle, mais comme le borborygme de base où s'expectore un cœur d'incendie. Faire du surréalisme ce n'est pas amener le surréel dans le réel, où il ira moisir et dormir, se tasser et se déposer, dans les vitres encastrées des livres, mais hausser matériellement le réel jusqu'à ce point où l'âme doit sortir dans le corps et ne cesser d'ameuter le corps. C'est ce que le monde n'a pas encore connu et ce que le surréalisme n'a pas pu faire. Car l'âme de l'homme actuel est prisonnière d'un mauvais corps qui lui interdit toute poésie, et le force à vivre sous le carcan irrémissible des lois, qu'elles soient d'armée, de police, d'église, de justice ou d'administration. Et elles sont d'église principalement.

C'est en 1918 que j'ai senti en moi les premières morsures de ces vagues internes de l'âme qui nous tourmentent pour prendre corps. Musique, théâtre, peinture, poésie, je comprenais que ce n'était plus assez de concrétisations comme cela, de concrétisations destinées un jour à périr de perdre force, et que le feu qui brûlait en moi avait besoin de tout autres *corporisations*. Mais comment bousculer le réel jusqu'à arriver à cette incarnation majeure d'une âme qui dans un corps incarné lui imposera la chair sexuelle dure, la chair d'âme de son véritable corps [?]

Je savais que le temps des magiciens, des rebouteux, des escamoteurs, des médecins, des charlatans, des fakirs, des faiseurs de tours, des jongleurs et des envoûteurs était passé. Le temps aussi des illusionnistes et des sorciers, et qu'on ne fait pas les choses d'un seul coup, sacramentellement et par subterfuge mystagogique comme à la messe, mais pas à pas et par échelons comme un maçon devant son mur ou un paysan derrière sa charrue. La matière quand elle est bonne est rétive et elle refuse de s'accomplir jusqu'à ce que son être soit satisfait, son être corps de sa moralité, je dis *moralité* interne au milieu des exigences de tout.

Je t'adore, dit-elle à son créateur, mais être, je ne le suis, non je ne suis pas un être, et si tu ne me donnes pas mon plein de satisfaction au milieu des exigences de l'être, inéluctablement moi aussi avant d'être, dans l'être je te trahirai. Et c'est la matière qui a raison de désobéir aussi bien à dieu qui lui refuse toute satisfaction pour naître et qui l'accouche dans les angoisses extra-utérines du sphincter (afin de se réserver à lui et à ses anges toutes les insondables délices totémisantes, tumulisantes de l'accouchement) que de, dis-je, cette matière, désobéir aux anges d'un bien-être qui lui fait croire qu'il est la vie, lorsqu'il n'a jamais fait autre chose que de faire ricaner de la vie dans des illusions et des prestiges qui par d'immondes titillations désaxent, qui désaxent comme elles reclassent l'âme dans le carcan d'un être, hors de l'être de sa propre vie.

Ce fut là tout le ténébreux travail que le surréalisme quand il est né n'a pas voulu faire faire à la matière, pour la précipiter avant terme dans les délices de l'êtreté; ne pas se livrer à la magie, suivre la voie utérine et anale des choses, la voie de la libido authentique, sonder toute la libido aussi bien dans l'automatisme éveillé, que dans l'autoélectrisme des rêves, et ne pas faire éclater dehors le résultat de ces affreux forages avant que l'affre interne du chercheur, par faim et par douleur amoureuse, ne lui ait enfin imposé d'être cet être qui se sondait, et se voulait tel, non que son amoureuse en lui, mais tel que sa plus authentique et insondable volonté de vie, et que l'âme n'a cessé d'aimanter au fond de la libido du sexe, et d'appeler fleur pour l'éternité.

C'est ce que je cherchais vers 1918 et je sentis un jour que d'autres âmes que la mienne cherchaient la même chose que moi, sortir du monde comme on entre dans le monde, car au monde nous ne sommes pas.

LA PLACE DE L'ÉTOILE
de Robert Desnos [1]

par Antonin Artaud

La Place de l'Étoile dont il s'agit dans la pièce de Robert Desnos n'est pas celle qui rayonne au bout de l'Avenue des Champs-Élysées à Paris, mais la place *à chercher* d'une étoile jamais encore issue dans le vide du cœur. Les fantômes existent, ne cesse de répéter Robert Desnos au cours de cet anti-poème qui sur le destin secret des choses a voulu visiblement en dire plus que toute la Tragédie. Ce texte qui ne s'apparente à aucun texte connu, en effet n'est pas *écrit*. Mais il est *là,* beaucoup plus que bien des choses écrites, je veux dire qu'il y a d'étranges coups de ciseau à froid entre toutes les paroles spectrales émises par les interlocuteurs, comme d'un homme qui a voulu rester en marge de l'être et en faire sauter en dedans la volonté d'élocution. Car de quoi s'agit-il dans cette pièce sinon en effet de rien, je veux dire de cet insane hasard, de cette émulsion impossible d'absences où toujours l'improbable a lieu et jamais la réalité? Une ébullition à propos de rien. — Mais moi j'y vois beaucoup plus que cela : l'histoire d'une âme qui n'a jamais pu vivre et qui finalement a été écartée de l'existence par le typhus dans un camp d'extermination.

Robert Desnos, quand il écrivit cette pièce, se savait déjà menacé de mort, une mort dont il ne cessait de voir les fantômes et, à l'inverse de tous les hommes, *il le disait,* ne craignant pas, lui, d'être pris pour un halluciné. Car cette vie n'est qu'un monde de larves et de fœtus émis par l'inconscient mesquin de tous les êtres, et qui n'ont pas d'autre préoccupation ni d'autre but que de monter nuit et jour la garde autour de toutes les consciences suspectes de ne pas vouloir se rendre comme elles au *principe du refoulement.* Qui consiste cet humoristique principe non pas à habiller les autres des pensées dont on ne veut pas mais à prendre aux bonnes consciences toutes les pensées qu'elles refoulent, afin d'en profiter à leur place et en elles jusqu'à leur décomposition, de les leur rendre décomposées et infectes et de leur faire *par refoulement* ensuite porter le poids de cette infection, en, soi-même, s'en gardant sauf. Et c'est ainsi que Robert Desnos est mort du typhus dans un camp d'extermination où la « garde-chiourme » nazie avait derrière elle et à travers elle une armée d'envoûteurs juifs ou chrétiens. Car Robert Desnos l'auteur de cet anti-poème « la Place de l'Étoile » était avant tout un poète qui n'avait jamais pu accepter la vie, une fleur trop rare pour ce monde et qui n'y vécut depuis sa naissance qu'étouffée et asphyxiée... Et j'ai vu sur la vitre de la salle où j'écris sur lui cet article l'âme de Robert Desnos m'aider à faire dans mon dos le tau acéré du glaive qui en gardera dans mon corps la mémoire jusqu'au jour du jugement.

Le livre de Robert Desnos a été publié à Rodez par Gaston Ferdière, âme perdue depuis avant le désastre de la première Atlantide et qui depuis tant de siècles se cherche sous un amoncellement innombrable de morts. Car pour lui le culte de l'amitié n'est pas mort.

Six lettres
(1935-1937)
d'Antonin Artaud
à Marie Dubuc

·

MARIE DUBUC À PIERRE CHALEIX

J'ai été mêlée à la vie de Lise Deharme et c'est ainsi que j'ai connu Antonin Artaud lors de sa venue chez elle avec les surréalistes Paul Éluard et André Breton[1]. Ils ont passé tout un mois d'été à Montfort et je les retrouvais souvent soit chez Lise, soit chez moi. Mon goût pour les sciences occultes et mes petits dons de voyance ont été immédiates affinités entre Antonin Artaud et moi. Il venait me voir chaque jour et ce m'était émotion d'entendre le pas léger de ses sandales de cuir nouées à la grecque et de le voir entrer jeune, svelte, en chemise fine à col ouvert. Il s'asseyait sur une chaise basse, les mains ouvertes pour que j'en lise les lignes. Il m'écoutait avec autant de confiance que d'anxiété. J'avais vite appris à ménager une sensibilité exacerbée et si je m'attardais à lui révéler ce que je voyais dans ses cartes, son écriture, le tic nerveux de sa mâchoire ou l'arcade diabolique de ses sourcils, je recherchais surtout son apaisement. Il me quittait comme allégé d'une force difficile à guider ou à maintenir et ravi de m'avoir un peu communiqué ses propres angoisses. Quand il a quitté Montfort il m'a demandé de ne pas l'abandonner. Très prise par ma profession, je ne lui écrivais que de temps en temps, et dans le souci de ne pas laisser traîner mes papiers, j'ai dû brûler quelques-unes de ses lettres dont celles envoyées du Mexique, voyage que je lui déconseillais et qui lui a valu plus de désillusions que de profit.

MARIE DUBUC (23 mai 1975)

CHEZ LES VIKINGS
Taverne scandinave
Bar et Restaurant
29 & 31 rue Vavin
(Montparnasse)
14 rue de Marignan
(Champs-Élysées)

Paris le 13 octobre 1935

Chère Marie Dubuc

Je pense souvent à vous et je parle de vous sans vous nommer. Vous m'avez donné sur ma vie de bien émouvantes précisions, et au point de vue sentimental entre autres les choses ont bien l'air de se comporter comme vous me l'avez annoncé : quelque chose s'est fermé qui semble vouloir reprendre, mais je ne vois pas encore très bien l'être qui me fera changer mon idée de l'amour. Au point de vue de ma situation des gens en effet semblent vouloir faire pression de-ci de-là sur d'autres pour que je puisse partir dans les conditions que je désire. Toutefois je viens de subir deux échecs de ce côté aussi, j'avoue que ces échecs m'affectent terriblement. Ils ne sont pas irrémédiables, ils ne compromettent pas mon départ : *ils le rendent difficile*[1].

Je vous écris pour que vous me disiez si *d'après vous* je suis dans la bonne voie; si je dois persévérer *et insister* de ce côté. Qu'en pensez-vous? J'attends de vous un conseil profond et médité. Et je m'excuse de mon insistance. Mais j'ai en vous une grande confiance sur le plan de tout ce qui est prémonition, voyance, etc.

Dites-moi ce que je dois faire et ce que vous voyez qui doit m'arriver.

Je vous serre bien cordialement les mains.

ANTONIN ARTAUD
12 rue Victor-Considérant 12
Paris XIVe

P.-S. — Je vous envoie un ou deux livres de moi.

La Havane
2 février 1936

Je vous écris de la Havane et quand vous recevrez cette lettre je serai à Mexico.

Je ne vous fais pas d'éloge mais vous savez ce que je pense de vous puisque vous *voyez réellement.*

Un dernier conseil.

J'ai profité des 20 jours de bateau pour rejeter les poisons dont vous m'avez annoncé que j'espacerai suffisamment les prises pour travailler et me retrouver. Or malgré le temps écoulé je n'ai pas l'impression que chaque jour apporte un vrai progrès. Au contraire. L'esprit s'éveille, c'est vrai mais le corps languit. Est-ce une impression? Dois-je attendre très longtemps, ou vaut-il mieux pour me retrouver vite car j'ai besoin de moi *tout de suite.* Vaut-il mieux prendre un peu et en espaçant. La fatigue de la suppression risque de me paralyser pour longtemps mais la moindre prise me paralyse d'une autre façon. Que dois-je faire?

Si vous voyez quelque chose à me dire qui puisse me ser
vir dites le moi aussi?
Merci et pardon d'abuser comme je le fais.

Croyez en mon absolue fidélité

ANTONIN ARTAUD

P.-S. — Écrivez-moi à la *Légation de France*

à Mexico-City
Mexique

Si vous voulez.

Mexico
18 Avril 1936

Les choses ont suivi leur cours, avec lenteur, et *difficulté*.
Mais il semble en effet que la réussite doive s'affirmer. Pourtant c'est une *lutte d'enfer*. L'argent vient par miracle et dans
l'angoisse. En réalité je devrais mourir de faim.

On m'a mené chez une espèce de demi-charlatan qui prétendait connaître le secret de la culture Toltèque. Celui-là
me renvoie à un autre. Renseignement pris c'étaient les inter-
médiaires qui avaient cru qu'il le connaissait. S'il y a un
secret de culture il ne peut pas courir les rues. Il y a beaucoup
de fous, de farceurs et d'imbéciles à Mexico. Toutefois ce
demi-charlatan (c'est moi qui l'appelle ainsi) m'a prédit
que j'allais trouver dans un temps très proche ce que je
cherche, si *fantastique que ce soit* et aussi de l'argent. Très vite.
Mes ennuis dans ce sens sont prodigieux.

Mais que ma mort était proche. Car mon évolution dans ce
monde touchait à sa fin. Et que je mourrai par accident.

D'après cet homme je dois mourir après avoir trouvé ce
que je cherche. Dites-moi je vous prie ce que vous en pensez.

Si vous voyez que ma mort est ainsi proche et si je dois vraiment mourir par accident. Retournerai-je en France. Et ce que j'aurai trouvé pourra-t-il me servir et servir là-bas?
A vous

ANTONIN ARTAUD

Sceaux, [avril 1937][1]

Chère Mademoiselle

Voilà fort longtemps que je ne vous ai pas écrit. J'attendais de me trouver en face de décisions importantes, capitales. Elles sont là.

Et je ne sais à quoi me résoudre.

Je suis rentré du Mexique étant allé au fond de la montagne la plus sauvage et vu des rites magiques prodigieux.

J'ai reçu sur mon chemin l'épée des Missionnaires avec les 3 hameçons et 7 tours de corde.

Je suis resté 38 jours loin de tout et de toute drogue. Je n'ai pas été guéri.

J'accomplis aujourd'hui en maison close une nouvelle désintoxication : la 5ᵉ en une année. Tout cela est affreux.

Il a été question pour moi de mariage[2] mais l'être que je devais épouser se révèle un tel mélange de sublimités et de hideurs, de tromperies, de saletés journalières, de duplicité, de mensonge, de dévouement, d'élans et d'amour passionné que je suis décidé à ne pas donner mon nom à ce complexe vivant. N'importe quel homme peut la prendre à toute heure et chaque jour, et elle traite de folies mes accusations, car hélas, je suis pénétrant et rien, pas un clin d'œil étranger chez elle ne m'échappe.

Que résoudre, que devenir, qu'est-ce qui m'attend?

Accomplirai-je enfin cette Mission extraordinaire de retournement du monde sur le plan de l'esprit et des œuvres grandes, qui m'a été annoncé depuis toute cette année par une pléiade de devins et de sorciers, noirs, rouges et Blancs.
Ou dois-je mourir empoisonné — et seul.
Dites la Vérité
   à vous

ANTONIN ARTAUD
Villa Penthièvre
17 Rue de Penthièvre
Sceaux
Seine

ANTONIN ARTAUD
12 rue Victor Considérant   Paris 25 Mai 1937
Paris

    Chère mademoiselle

Pardonnez-moi de vous harceler de nouveau et aussi vite. Mais puisque vous voyez si bien tout ce qui est *dans les tendances,* et ce qui se prépare, je veux vous donner quelques faits car ma vie n'est que catastrophes *de plus en plus précipitées.*

C'est un tonnerre perpétuel, un mascaret qui me soulève l'âme et le corps sans fin pris de colère tout à coup, l'illusion d'une fausse paix basée toujours sur le mensonge, puis la nuit, la chute, la libération par le *châtrage de l'être,* la douleur, le renoncement, le bonheur dans la cruauté de tout et de tous, tout à coup contre moi.

J'ai fait l'effort de me sauver de la drogue et il a réussi jusqu'à présent. J'en suis au 33e jour de complète abstinence et si j'ai désespéré de me refaire sans drogue je sens tous les jours que je me refais et qu'un être mystérieux et terrible naît en moi que je n'avais jamais connu puisque je ne suis jamais resté sans drogue.

Tout est surnaturel autour de moi jusqu'à l'obstination de ce destin d'épreuves. Pourquoi?

Pour me mener à quoi.

Sinon à me couper du monde afin que toute la force du monde puisse se rassembler en moi.

Cela n'a pas été sans d'impossibles douleurs qui exerçaient le corps et l'âme en même temps. Mais je sens qu'un autre homme naît. Est-ce que je me trompe.

Et pourquoi naît-il? Pourquoi a-t-on voulu le faire naître cet enragé désespéré, dont le corps n'est plus qu'une pierre, d'une dureté *désespérée*.

Je suis heureux et désespéré.

Je *sais* que de l'autre côté du monde on pense à moi et que des choses travaillent pour moi.

Cette femme dont vous possédez une mèche et que vous avez si bien qualifiée n'avait hélas jamais pu me doper, mais elle m'avait *neutralisé*.

Malgré son impossible mélange, son ignoble dualité, j'ai laissé faire *parce qu'elle m'aimait*. Elle m'aimait en appartenant à tout le monde, en se donnant *tous les jours* à tout le monde. Mais en même temps elle m'a apporté le salut pour l'éternité peut-être, puisque c'est grâce à cette illusion d'amour, grâce à son énergie obstinée, à son dévouement à mon égard, à son esprit de décision, à sa volonté, et à ses sacrifices de temps, de fatigue et d'argent qu'elle est *parvenue à me tirer* de la drogue, et à me faire ACCEPTER les douleurs monstrueuses de cet impossible arrachement, où j'ai consenti à m'arracher de moi pour devenir *après* un autre que moi, plus fort que moi, et terrible. *Mais qui m'emporte* comme un Élément.

Or c'est mon amour pour elle qui a été emporté comme un élément un soir où sa bestialité monstrueuse m'a soulevé le cœur définitivement.

Bestialité sous une dissimulation implacable et obstinée. Mais l'Enragé a tout emporté.

Or l'astrologie prétend que cette femme reviendra dans ma vie et qu'elle ne peut pas ne pas revenir. Si je la repousse une autre apparaîtra qui sera exactement pareille, qui manifestera pour moi les mêmes qualités, les mêmes vertus d'esprit, et la même immondité du corps. Puisque cette brutalité sexuelle d'une femme correspond paraît-il à quelque chose qui est en moi. Et que c'est dans mes astres qu'on la voit.

Comment m'accorder avec un tel destin qui est le mien. Et puisqu'il ne s'agit pas de le fuir mais de le regarder en face! J'ai essayé de la vérité. Depuis plusieurs mois. Cette femme ne l'a jamais acceptée!

Or je n'ai jamais si bien travaillé que depuis que je l'ai quittée, et dans la douleur de ce massacre, où c'est toute l'idée que j'ai de l'amour en ce monde qui a été définitivement massacrée. Car quelque femme qui me revienne l'amour pour moi a fini d'exister sur le plan où les choses se séparent et où les êtres sont séparés.

Si donc vous voyez quelque chose, quelque précision, quelque vérité qui pourrait faciliter ma terrible recherche, écrivez-le moi.

Pardonnez-moi et recevez mes meilleurs remerciements.

ANTONIN ARTAUD

Paris
8 août 1937 [1]

Je vais entreprendre un dernier voyage et je vous demande un dernier effort. Après quoi je ne vous importunerai plus jamais.

Je suis profondément las et fatigué de lutter.

Voilà 4 mois que je n'ai plus repris la drogue que je prenais (opium et dérivés) j'ai pris des palliatifs, d'autres drogues et spécialement une autre drogue qui évidemment ne peut remplacer la première, celle que j'ai prise pendant 17 ans. Or je sais qu'*une seule* dose de la première et c'est la Mort pour moi la mort en tout cas d'une Voie terrible et merveilleuse dans laquelle je suis engagé et qui s'est *par miracle,* miracle et prédestination ouverte.

L'effort que je vous demande consiste en ceci :

Vous m'avez fait deux prédictions dont je n'ai jamais oublié les termes. Vous m'avez dit : Il y a autour de vous une lumière extraordinaire. Un jour vous serez au-dessus des autres.

Je n'avais pas compris à l'époque de quelle sorte de lumière il s'agissait, ni comment je serai au-dessus des autres.

Je l'ai compris.

Car depuis deux mois environ je suis entré dans l'extraordinaire, j'ai *vu* qui j'étais, ce que je faisais en ce monde et j'ai compris la torture de ma séparation de la vie, étant tout de même un homme et un vivant. Peu m'importe d'être au-dessus ou au-dessous des autres. Dans le monde où je suis il n'y a ni dessus ni dessous : il y a la Vérité qui est terriblement cruelle. C'est tout.

Mais voici.

J'ai donc trouvé quelque chose qui *en général n'est pas au monde*. Ce que c'est vous le verrez aussi bien que moi.

J'ai trouvé en plus quelque chose qui est de ce monde, que tout le monde voit et qui intrigue terriblement et inquiète tout le monde.

Je *sais* que cette chose peut faire des choses étranges et redoutables.

J'avoue qu'il me manque une dernière clef. Je pense que mon intuition personnelle peut me la donner. Mais j'ai besoin actuellement que mon intuition soit confirmée, j'attends un dernier mot, un dernier signe. C'est pourquoi j'entreprends un dernier voyage et je l'entreprends seul.

Il faut que vous sachiez que ma Volonté humaine s'est montrée redoutablement décidée à rester dans une terrible Voie,

sans drogue

sans femme.

Car depuis 4 mois j'ai essayé exactement 3 fois de reprendre une dose d'opium. Le résultat a été désastreux et s'est traduit chaque fois par la perte immédiate pour quelques jours des *dons* que j'avais acquis.

Quant aux femmes leur présence ne fait que m'irriter et me troubler. C'est tout de suite la catastrophe pour mon être intérieur.

Je vous envoie un peu de mes cheveux et un morceau de ficelle de chanvre qui approche depuis plusieurs semaines *la chose*.

Si vous avez des lumières sur la chose, mon voyage, moi et ma lumière, c'est de ce côté que je vous demande de diriger pour la dernière fois l'effort provocateur et obstiné de votre clairvoyance. Faites cela comme si vous appeliez les esprits et Merci

ANTONIN ARTAUD

21 rue Daguerre

P.-S. — Mon état d'esprit actuel *usé* par une souffrance sans arrêt est de voir enfin me parler ce que j'appelle et ne puis dire ou de mourir d'ici 3 mois empoisonné.

[ajouté en travers, dans la marge] :

Il s'agit de voir *aussi bien* dans le passé que dans l'avenir car la chose vient d'un passé extrêmement reculé mais je crois que *son* avenir est proche.

NOTES

PRÉSENTATION

Page 11.

1. *Fragments d'un Journal d'Enfer*. La beauté littéraire de ce texte n'ôte rien à son intense spontanéité. *Œuvres complètes* (Gallimard), t. I* éd. 1976, p. 111. Repris avec *L'Ombilic des Limbes,* Poésie Gallimard, p. 117.

Page 12.

1. *La Tour de Feu* (Jarnac, Charente), n° 63/64, décembre 1959; réédition n° 112, décembre 1971.
2. *Ibid.* et *Œuvres complètes,* t. X et XI.

Page 13.

1. *La Tour de Feu,* numéros cités.
2. Lettres du 29 mars et 18 octobre 1943 ainsi que 5 février 1944. Elles figurent au tome X des *Œuvres complètes.*

Page 14.

1. « Nalpas » est le nom de jeune fille de la mère d'Antonin Artaud.

Page 15.

1. Lettres à Jacques Maritain, dans *Œuvres complètes.* I** (1976), 139 à 141.
2. *Œuvres complètes,* VII, 425, notes.
3. Denys-Paul Bouloc « Antonin Artaud à Rodez », dans *La Tour de Feu* (numéros cités).
4. Henri Gouhier, *Antonin Artaud et l'essence du théâtre,* Librairie Vrin,

1974, p. 7. Il est bon de signaler le livre de Danièle André-Carraz : *L'Expérience intérieure d'Antonin Artaud,* éd. Saint-Germain-des-Prés, 1973.

Page 16.

1. *Œuvres complètes,* IX, p. 156-173.

2. Paule Thévenin, « Entendre / voir / lire », dans *Tel Quel* n° 39, automne 1969, p. 37.

3. Une lettre du 20 septembre 1945 évoque le souvenir de l'été 1943 pour cette adaptation (*Œuvres complètes,* IX, p. 225).

4. Le numéro I de la revue *Les Rois mages* (Paris, 1962) donne sur quatre pages la reproduction grandeur nature (31 × 20 cm) de ce manuscrit. Son écriture soignée et assez menue se retrouve dans les lettres datées de février 1944.

Page 17.

1. Cf. *O.C.,* IX, notes p. 241 à 246.

2. Tiré à 5 500 exemplaires sur Arches in-4° carré, filigrané « l'Arbalète ».

Page 18.

1. *O.C.,* XI, 68. « Les Mères à l'étable » parut dans le numéro 2 de *L'Heure nouvelle* (1946).

2. *O.C.,* XI, 184 à 201; projet de lettre à Georges Le Breton, 7 mars 1946. Dans l'article de *Tel Quel,* n° 39 cité plus haut, Paule Thévenin fait une analyse phonologique de la lecture — selon elle — des *Chimères* par Artaud.

Page 19.

1. *O.C.,* I** (1976), p. 67-74, Artaud fait et met le *Point final* quant à ce qu'il pense du surréalisme.

Page 21.

1. *O.C.,* XI, 169.

2. *O.C.,* XI, 325, note 5.

Page 22.

1. A Montfort-en-Chalosse. Elle y est décédée le 21 juin 1976.

LETTRES D'ANTONIN ARTAUD AU DOCTEUR FERDIÈRE

Page 29.

1. Lettre précédemment publiée dans *La Tour de Feu* (numéros cités) et dans les *Œuvres complètes*, X, 24 à 31.

Page 35.

1. « Nanaqui » était le surnom tendre donné à Antonin Artaud dans sa famille.

Page 60.

1. En réalité Antonin Artaud serait né au numéro 15 de la rue du Jardin-des-Plantes (enquête de Thomas Maeder).

Page 63.

1. La signature « Antonin Artaud » situe cette lettre après le 17 septembre 1943; son sujet annonce celle qui va suivre, datée du 25 du même mois.

Page 65.

1. Dans la traduction définitive, « Humpty Dumpty » sera rendu non plus par « Gros Courtauld », mais par « Dodu Mafflu ».

Page 66.

1. Doit faire suite à la lettre du 25 septembre 1943.
2. Artaud a écrit « mien ». Lapsus sans doute amené par la consonne initiale de « mal ».

Page 67.

1. Après les guillemets fermés, Artaud répète le mot *inné*.
2. Lettre précédemment publiée dans *La Tour de Feu* (numéros cités) et dans les *Œuvres complètes X*, 134 à 140. De légères erreurs de transcription sont ici corrigées.

Page 74.

1. Artaud avait écrit plus haut « août 1937 ».

Page 78.

1. Lettre précédemment publiée dans *La Tour de Feu* (numéros cités) et dans les *Œuvres complètes*, X, 196-197.

Page 80.

1. Jusqu'à cette date Artaud écrit « Ferdière » avec un *s* final. Cette lettre est la première où il en vient à la bonne orthographe.

Page 82.

1. Lettre sur une seule feuille et non signée après les dernières lignes qu'Artaud a écrites dans la marge du verso.

Page 86.

1. Il s'agirait de *D'un Voyage au Pays des Tarahumaras*. Voir à ce sujet *Œuvres complètes*, IX, 246, note et X, 301, note.

2. Le papier, l'encre violette, l'écriture petite et très cursive sont les mêmes que pour les lettres des 28 et 30 mars 1944. Voir celle du 28 où Artaud fait part au docteur Ferdière de son entretien avec Voronca « hier après-midi ».

Page 89.

1. Cf. deux lettres à Mme Adrienne Régis, *infra*, p. 132 à 139.

Page 92.

1. La suite du manuscrit original manque.

Page 95.

1. Ce qui situe la date : 1e Artaud rappelle qu'il est interné depuis sept ans. 2e Une nouvelle série d'électrochocs allait commencer vers le 23 mai

Page 96.

1. Il est bien écrit « je tiré »; vraisemblablement au lieu de « j'ai tiré »

Page 97.

1. Un seul feuillet paginé 3 et 4. Manquerait donc le premier feuillet « ...après 7 ans d'internement » est une indication pour l'année 1944

Page 99.

1. Cette lettre pourrait être celle dont le projet, daté approximativement du même jour, figure au tome XI, p. 49 des *Œuvres complètes*. « Le problème du moi en lutte avec l'inconscient hypnotique des choses » abordé dans le projet se trouve ici développé.

Page 100.

1. Ni les guillemets ni la parenthèse n'ont été fermés sur le manuscrit

Page 108.

1. Lettre à rapprocher de la précédente.

Page 109.

1. Fin octobre ou début novembre 1945. Lettre très peu postérieure à la précédente, qui mentionnait la maladie de Jean Paulhan. De plus, les pages quadrillées d'un cahier, le crayon et l'écriture sont les mêmes.

Page 111.

1. Fin octobre ou début novembre 1945. Si Jean Paulhan doit s'abstenir d'écrire, c'est en raison d'une assez grave maladie. La phrase : « ... il serait chimérique à J.P. de penser écrire », etc., est exactement transcrite d'une lettre envoyée le 27 octobre par l'entourage de ce dernier (cf. *O.C.*, XI, 320, note I).

Page 113.

1. La première partie de cette lettre manque. Elle dut suivre ou précéder de peu la précédente : la double feuille quadrillée aux coins arrondis est apparemment détachée du même cahier d'écolier. Même écriture (au crayon) libre et large.

Page 114.

1. André de Richaud, arrivé à Rodez peu avant le 11 mars 1946 (voir lettre d'Antonin Artaud à Jean Paulhan, *O.C.*, XI, 202), en repartit presque aussitôt pour Espalion. C'est donc dans cette courte période qu'il faut situer cette lettre. Malgré l'absence de formule finale, la lettre semble complète, car les trois dernières lignes sont écrites dans la marge de la quatrième et dernière page (papier d'écolier quadrillé) et la signature est renvoyée dans la marge de la première page.

2. Il s'agit du docteur Nodet (voir *O.C.*, X, 269, note).

Page 115.

1. *Le Précepteur :* roman d'Henri Thomas, paru à la N.R.F. en 1942.

Page 118.

1. Dans une lettre du 25 mars 1946 (*O.C.*, XI, 215) Artaud dit à Roger Blin qu'il a eu à Espalion (il s'y trouve depuis le 19 mars) la visite de Colette Thomas et de Marthe Robert. C'est vraisemblablement alors qu'un texte lui a été demandé. Il envoie son texte le 15 avril de Rodez (*O.C.*, XI, 251), où il est revenu le mercredi 10. On peut penser que c'est entre ces deux dates qu'il montre ses notes au docteur Ferdière. Le texte envoyé est intitulé *Centre-Nœuds* (*O.C.*, XI, 349, note).

Page 119.

1. Sur les réclamations formulées ici, voir les lettres : du 28 mars au docteur Ferdière *(supra)*, du 30 mars au docteur Jean Dequeker (*O.C.*, XI, 221), du 6 avril à Jacques Prével (*O.C.*, XI, 229).

2. Même papier d'un cahier quadrillé « Seyès » que la lettre qui précède. Ce texte, qui peut être assimilé à une lettre, a été commencé à la même encre violacée et continuée au crayon.

Page 120.

1. Verbe au singulier; Artaud l'accorde avec l'ensemble « ossature et équilibre ».

TEXTES DIVERS

Page 125.

1. José Laval : fille de Pierre Laval.

Page 129.

1. Grillot de Givry. Pour être éclairé sur ce personnage, voir *O.C.*, X, notes des pages 309 à 311. Il serait mort en 1929 et non 1939.

Page 132.

1. Antonin Artaud écrit à une femme. Le surnom « Nanaqui », dans la signature, est habituellement réservé aux lettres à la famille. Toutefois les premiers mots de cette lettre montrent qu'il s'adresse à une personne de l'asile, vraisemblablement Mme Adrienne Régis surveillante-chef. Cf. 2e lettre du 28 mars 1944 au docteur Ferdière, ainsi que celle du 2 avril, dans lesquelles Artaud défend la pureté de ses sentiments envers Mme Régis.

Page 137.

1. Le manuscrit original de cette lettre inachevée manque. Nous reproduisons une transcription dactylographiée. Pour la date, on peut se référer aux lettres des 5 et 6 août 1945, dans lesquelles Artaud annonce aussi au docteur Ferdière la venue à Rodez de ses amies Cécile Schramme et Annie Besnard, accompagnées de Catherine Chilé.

2. L'existence de Catherine Chilé en 1945 apparaît problématique, puisque ce nom serait une déformation de Catherine Schili, grand-mère paternelle d'Antonin Artaud (voir *O.C.*, XI, 289, note 2). Artaud parle encore de Catherine Chilé dans deux lettres à Henri Parisot en décembre 1945 (*O.C.*, IX, 234 et 237).

3. Quelques mots ont dû être omis ici lors de la transcription.

Page 139.

1. Artaud a bien écrit : « où nous voyons ».

Page 141.

1. Extraits où se trouvent les variantes ou changements les plus importants par rapport au texte imprimé dans le tome IX des *Œuvres complètes* d'Antonin Artaud.

2. IX, 13.
3. IX, 15.
4. IX, 17.

Page 142.

1. IX, 22.
2. IX, 24.
3. IX, 26.

Page 143.

1. IX, 27.
2. IX, 32.
3. IX, 33.
4. IX, 34.

Page 144.

1. IX, 34.
2. IX, 36.
3. IX, 37.

Page 145.

1. IX, 37.

Page 149.

1. Publié dans *L'Heure nouvelle,* n° 2, 1946.

Page 157.

1. Ici un renvoi à la marge, dans laquelle on lit : « Sonia est celle qui a méprisé l'araignée d'eau à l'âge de »

Page 161.

1. Le texte de Robert Desnos parut à Rodez en novembre 1945, dans la collection « Humour » dirigée par Gaston Ferdière (cf. *O.C.,* XI, 322, note).

La critique qu'en fit Antonin Artaud est reproduite ici d'après un texte dactylographié.

SIX LETTRES (1935-1937) D'ANTONIN ARTAUD
A MARIE DUBUC

Page 167.

1. Dans une lettre ultérieure, Mme Marie Dubuc me précisa que cette rencontre avait eu lieu en 1935. Parlant d'Antonin Artaud, elle ajoutait : « Je sais qu'il s'était à plusieurs reprises adressé à une voyante qui ne l'avait pas secouru comme il l'espérait. » Ni la *Lettre à la voyante* publiée dans le numéro 8 de *La Révolution surréaliste* du 1ᵉʳ décembre 1926 (cf. *Œuvres complètes*, I*; nouvelle édition 1976, p. 128), ni celle *A une voyante* du 6 avril 1931 (*O.C.*, I**, 167) ne peuvent concerner Marie Dubuc.

Page 168.

1. Il s'agit très vraisemblablement du voyage au Mexique. Artaud partira le 11 janvier 1936 d'Anvers, via La Havane, où il arrivera le 30 janvier (cf. VIII; p. 352 et 354).

Page 171.

1. Lettre écrite peu après le 14 avril 1937, date à laquelle Antonin Artaud entra dans une clinique de Sceaux pour une cure de désintoxication (cf. IX, 259, note).

2. Avec Cécile Schramme.

Page 174.

1. L'enveloppe de cette lettre a été conservée. Elle est adressée à :

Madame Marie Dubuc
Directrice de l'École
de
Montfort
sur
Landes

DU MÊME AUTEUR

ŒUVRES COMPLÈTES

TOME XV

Cahiers de Rodez (février-avril 1945).

TOME XVI

Cahiers de Rodez (mai-juin 1945).

TOME XVII

Cahiers de Rodez (juillet-août 1945).

TOME XVIII

Cahiers de Rodez (septembre-novembre 1945).

TOME XIX

Cahiers de Rodez (décembre 1945-janvier 1946).

TOME XX

Cahiers de Rodez (février-mars 1946).

TOME XXI

Cahiers de Rodez (avril-25 mai 1946).

TOME XXII

Cahiers du retour à Paris (26 mai-juillet 1946).

TOME XXIII

Cahiers du retour à Paris (août-septembre 1946).

Impression Société Nouvelle Firmin-Didot
à Mesnil-sur-l'Estrée, le 3 janvier 2000.
Dépôt légal : janvier 2000.
1ᵉʳ dépôt légal : janvier 1994.
Numéro d'imprimeur : 49605.
ISBN 2-07-073778-0/Imprimé en France.